2024

FERNANDO ANTONIO
TASSO

SISTEMAS REGULATÓRIOS DE DADOS PESSOAIS

A CONCRETIZAÇÃO DOS DIREITOS HUMANOS NA ECONOMIA DIGITAL PELA RESPONSABILIDADE CIVIL

Dados Internacionais de Catalogação na Publicação (CIP) de acordo com ISBD

T214s Tasso, Fernando Antonio
　　　　Sistemas regulatórios de dados pessoais: a concretização dos direitos humanos na economia digital pela responsabilidade civil / Fernando Antonio Tasso. - Indaiatuba, SP : Editora Foco, 2024.

　　　160 p. ; 16cm x 23cm.

　　　Inclui bibliografia e índice.

　　　ISBN: 978-65-6120-132-2

　　　1. Direito. 2. Direito civil. 3. Dados pessoais. 4. Economia Digital. 5. Sistemas regulatórios de dados pessoais. I. Título.

2024-1935　　　　　　　　　　　　　　　　　　　　　　CDD 347　　CDU 347

Elaborado por Odilio Hilario Moreira Junior - CRB-8/9949
Índices para Catálogo Sistemático:
　　　　1. Direito civil 347
　　　　2. Direito civil 347

FERNANDO ANTONIO
TASSO

SISTEMAS REGULATÓRIOS DE DADOS PESSOAIS

A CONCRETIZAÇÃO DOS DIREITOS HUMANOS NA ECONOMIA DIGITAL PELA RESPONSABILIDADE CIVIL

2024 © Editora Foco
Autor: Fernando Antonio Tasso
Diretor Acadêmico: Leonardo Pereira
Editor: Roberta Densa
Coordenadora Editorial: Paula Morishita
Revisora Sênior: Georgia Renata Dias
Capa Criação: Leonardo Hermano
Diagramação: Ladislau Lima e Aparecida Lima
Impressão miolo e capa: FORMA CERTA

DIREITOS AUTORAIS: É proibida a reprodução parcial ou total desta publicação, por qualquer forma ou meio, sem a prévia autorização da Editora FOCO, com exceção do teor das questões de concursos públicos que, por serem atos oficiais, não são protegidas como Direitos Autorais, na forma do Artigo 8º, IV, da Lei 9.610/1998. Referida vedação se estende às características gráficas da obra e sua editoração. A punição para a violação dos Direitos Autorais é crime previsto no Artigo 184 do Código Penal e as sanções civis às violações dos Direitos Autorais estão previstas nos Artigos 101 a 110 da Lei 9.610/1998. Os comentários das questões são de responsabilidade dos autores.

NOTAS DA EDITORA:

Atualizações e erratas: A presente obra é vendida como está, atualizada até a data do seu fechamento, informação que consta na página II do livro. Havendo a publicação de legislação de suma relevância, a editora, de forma discricionária, se empenhará em disponibilizar atualização futura.

Erratas: A Editora se compromete a disponibilizar no site www.editorafoco.com.br, na seção Atualizações, eventuais erratas por razões de erros técnicos ou de conteúdo. Solicitamos, outrossim, que o leitor faça a gentileza de colaborar com a perfeição da obra, comunicando eventual erro encontrado por meio de mensagem para contato@editorafoco.com.br. O acesso será disponibilizado durante a vigência da edição da obra.

Impresso no Brasil (7.2024) – Data de Fechamento (7.2024)

2024
Todos os direitos reservados à
Editora Foco Jurídico Ltda.
Rua Antonio Brunetti, 593 – Jd. Morada do Sol
CEP 13348-533 – Indaiatuba – SP
E-mail: contato@editorafoco.com.br
www.editorafoco.com.br

Aos meus maiores amores e estrelas mais brilhantes do meu céu, minha esposa Maíra e meus filhos Renato e Rafaela.

PREFÁCIO

A imersão na era da tecnologia de dados é tão completa, nos absorve tanto e a todos, que nem sempre se consegue identificar os riscos inerentes a essa avalanche disruptiva. É instantânea a comunicação entre pessoas próximas ou distanciadas. O fenômeno da "viralização" testemunha o poder que as redes sociais exercem, a bombardear, de forma incessante, milhões de indivíduos ao mesmo tempo.

Inegáveis os riscos de vulneração a interesses personalíssimos, dentre os quais o da polêmica noção de privacidade. Um dos paradoxos contemporâneos é certa propensão ao exibicionismo exacerbado, característica do individualismo egoístico. Consegue conviver a proliferação dos selfies que transmitem intimidades a um coletivo indefinido e difuso, com a integral tutela da privacidade?

Incursionar por essa problemática, à luz da realidade científico-tecnológica mais recente, sob enfoque jurídico sensível, é desafio de que só o talento de Fernando Antonio Tasso poderia se desincumbir a contento.

Conheci-o desde o seu ingresso à Magistratura Paulista e já nutria a expectativa de conviver com alguém privilegiado por um DNA da estirpe do seu respeitado pai, o Coronel Torquato Tasso Netto. Já tivera contato com a excelência familiar, ao acompanhar a carreira de sua irmã, Eliane Tasso, figura extraordinária no Ministério Público bandeirante.

Constatei que a dinastia ganhara em qualidade e apuro. Fernando é um estudioso pesquisador, atento ao que acontece na ciência informática e eletrônica. O Tribunal de Justiça de São Paulo valeu-se de sua valiosa competência e a ele entregou um setor nevrálgico, fundamental para atender aos anseios dos jurisdicionados, ávidos por um sistema eficiente, eficaz e efetivo.

O *aggiornamento* do Judiciário em nosso Estado, informatizando e digitalizando sua matéria prima, propiciando o exitoso Projeto "100% Digital", muito deve a jovens magistrados como Fernando Antonio Tasso, devotados à urgente causa do aprimoramento da Justiça, com emprego de inúmeras horas furtadas a um legítimo lazer ou convívio familiar, ao aprofundamento nos estudos e à resolução de questões que obstaculizavam o ritmo das reformas.

O gigantesco passo da adoção do processo eletrônico só foi possível porque o jovem agora doutor, excedeu-se em proficiente dedicação e afinco. Mas eu ainda seria premiado com a oportunidade de continuar a aprender com ele, quando se entregou ao árduo projeto de uma Pós-graduação em sentido estrito. Conquista um doutorado resultante de profunda e consistente pesquisa. Procurou as melhores fontes, acompanhou as mudanças legislativas, caminhou paralelamente e se antecipou às atualizações, pois desde cedo compreendeu que a obsolescência é companhia inafastável no território das tecnologias da informação e da comunicação.

Procedeu a minucioso retrospecto sobre a origem da proteção à privacidade, a partir de seus primórdios, nos primeiros estágios civilizacionais, até chegar à economia digital. Dissecou a trajetória da empresa comunicacional, que teve início no âmbito estritamente nacional, passou para a multinacionalidade, até chegar à condição de conglomerado transnacional. Elaborou conceito de empresa transnacional de tecnologia da informação – ETTI, que servirá para outras pesquisas, tamanho o seu apuro.

Encarou a análise do sistema regulatório de proteção dos dados pessoais em âmbito internacional e interno, até chegar à Lei Geral de Proteção de Dados, para cujo aprimoramento Fernando colaborou e sobre a qual já produziu texto pioneiro.

Audacioso, propõe uma estratégia que supra a insuficiência dos princípios de Ruggie, para a efetiva tutela dos dados pessoais, diante de sua categoria mais próxima à exortação, pois desprovidos de sanção e ausente um órgão soberano que imporia sua observância. Essa estratégia consiste em valer-se da responsabilidade civil, instituto normativo, doutrinário e jurisprudencial consolidado, para o enfrentamento das vulnerações aos dados pessoais.

Vale-se Fernando Antonio Tasso de uma engenhosa criatividade, ao aludir à metamorfose pela qual passou esse instituto. A responsabilidade civil exerce hoje, à luz da disruptiva transformação que a 4ª Revolução Industrial impôs ao convívio social, uma função dilargada. Não é mero sancionamento de atitude lesiva às pessoas, senão instrumento hábil para prevenção, como fator dissuasivo da reiteração de práticas prejudiciais que incidem sobre dados pessoais.

À simultânea utilização das quatro funções da responsabilidade civil – compensatória, punitiva, restitutória e precaucional –, Fernando Antonio Tasso acrescentou a missão pedagógica de ensinar o mercado, na verdade, as empresas transnacionais de comunicação, a zelar pela guarda e uso correto das informações concernentes aos humanos.

Conseguiu, assim, com erudição e objetividade, comprovar sua tese e trazer contributo importante ao trato de um tema polêmico e sensível, de estudo recente, ao qual o jovem doutor está familiarizado. Com isso, resultou incontestável que "o apelo doutrinário pela assunção da função preventiva pelo instituto da responsabilidade civil encontra, no ordenamento jurídico pátrio, o amparo constitucional e legal para que o Estado promova a proteção do direito fundamental à tutela de dados pessoais pela aplicação do instituto da responsabilidade civil, reconhecendo sua função preventiva. Em o fazendo, o Poder Judiciário, no exercício da função estatal jurisdicional, concretizará, no âmbito do ordenamento jurídico interno, a proteção ao direito humano homônimo, conforme preconizado pelos Princípios Orientadores sobre Empresas e Direitos Humanos".

Fernando Antonio Tasso conclui de forma instigante sua primorosa tese "Sistemas Regulatórios de Dados Pessoais: a concretização dos Direitos Humanos na Economia Digital pela Responsabilidade Civil", ao trazer informações fornecidas pela jurimetria, de que ainda é tímida a provocação do sistema Justiça para corrigir incursões ofensivas aos dados pessoais.

Antevê-se, portanto, que num próximo pós-Doutorado, o talento e a inteligência de Fernando o farão prosseguir nessa área que já domina e vir a oferecer nova produção científica, apta a oferecer respostas concretas a questões que merecem resolução à luz do imprescindível diálogo entre várias ciências desta era inter e transdisciplinar.

Propostas como a de Fernando Antonio Tasso permitem a velhos estudiosos desse universo fascinante que é o direito, sonhar com dias melhores para este Brasil tão necessitado de concretização do justo, que passa pela coragem de afrontar com novos olhares os assuntos carecedores de efetivação e aprimoramento.

São as novas gerações, destemidas e ousadas, a revolver a tranquilidade doutrinária e a provocar a jurisprudência, para que o direito continue a ser a ferramenta mais indicada para reduzir a elevada carga de angústia que recai sobre os caminhantes desta frágil e transitória peregrinação.

Para quem acompanhou a caminhada entusiasta e segura de Fernando Antonio Tasso, a constatação de que a Magistratura continua a produzir seres de primeiríssima qualidade é lenitivo e reforço da convicção de que ser juiz e continuar a crescer em estudo e sabedoria é destino que continua a justificar uma existência.

José Renato Nalini

Desembargador aposentado do TJSP, onde foi Corregedor Geral e Presidente. Foi premiado ao receber como orientando o Magistrado *Fernando Antonio Tasso*, com quem aprendeu e continua a aprender.

AGRADECIMENTOS

A Deus, onipotente, princípio e fim de todas as coisas.

A Maíra, minha esposa, primeira e maior incentivadora para que eu assumisse o desafio do doutoramento. Você é meu porto seguro, onde encontro refúgio e inspiração, e meu manancial inesgotável de vida, alegria e bondade. Obrigado por ser minha parceira inabalável, que compartilhou descobertas, alegrias e desafios nesse percurso. Sua paciência, compreensão e amor incondicional foram faróis que me guiaram pelos árduos e longos períodos de estudo e reflexão.

Aos meus filhos Renato e Rafaela, razão do meu sorriso e fonte da minha maior alegria. Assistir ao crescimento de vocês, compartilhar suas descobertas e sonhos, tem sido a maior aventura da minha vida. Obrigado por entenderem as horas que precisei me dedicar à pesquisa, por cada abraço apertado e por cada momento de alegria que compartilhamos. Cada página desta tese carrega um pouco do amor e da admiração que sinto por vocês, meus preciosos tesouros.

Aos meus pais, Isis e Torquato que sempre serão meus paradigmas de amor, retidão de caráter, resiliência e que incutiram em minha formação o valor do respeito ao próximo. Talvez aqui esteja uma das causas pela minha paixão pelo tema desta pesquisa. Mãe, ter você ao meu lado é um privilégio. Pai, ter sido seu filho foi a sublimação.

À minha irmã Eliane e seu esposo Roberto que, dentre tantas outras contribuições, reforçaram em mim esse ensinamento.

Ao meu sobrinho Pedro que, pelo interesse neste e em outros temas de humanidades, me motiva a continuar pesquisando e inovando.

A Suely, mãe de minha esposa, que me incentivou a não parar e, enquanto eu fazia isso, foi o fio mais resistente de nossa rede de apoio.

Aos amigos de todas as horas: Antonio, Mônica, Mario, Giovana, João Henrique, Cristina, Maximilian, Frederico, Thais e Luis Fernando.

Ao amigo, chefe, professor e exemplo de pessoa humana, meu orientador, Professor José Renato Nalini, pela confiança em mim depositada e pela fidalguia com a qual conduziu todo o processo de pesquisa e produção da tese, motivos de minha gratidão eterna.

Aos examinadores que compuseram minha banca de doutoramento. Samantha Ribeiro Meyer-Pflug Marques, acadêmica preeminente e aguerrida na defesa de direitos humanos, sobretudo das mulheres, que aportou à pesquisa sua firmeza e sensível orientação. Luiz Alberto David Araújo, modelo de professor e profissional que me ensinou o valor do direito à privacidade desde nosso primeiro contato no longínquo ano de 1994. Orientou-me na Iniciação Científica, incentivou-me a prosseguir na vida acadêmica e honrou-me com sua participação na banca examinadora de meu doutorado. Marcelo Benacchio, acadêmico e magistrado de destaque nacional e internacional, que foi firme apoio em momentos cruciais da pesquisa. Juliano Souza de Albuquerque Maranhão, acadêmico de referência no tema desenvolvido nesta obra, cujos ensinamentos contribuíram para o desenvolvimento da pesquisa.

A Renato Opice Blum, Guilherme Macedo Soares, Ivan Ricardo Garísio Sartori, Geraldo Francisco Pinheiro Franco e Fernando Antonio Torres Garcia por terem acreditado que minhas aspirações profissionais e acadêmicas se realizariam.

Ao Tribunal de Justiça de São Paulo que é minha casa há 24 anos e onde me forjei como profissional, e à Escola Paulista da Magistratura que me proporcionou haurir ensinamentos de grandes magistrados na minha formação profissional e acadêmica e passar a compartilhar o conhecimento produzido.

À Pontifícia Universidade Católica de São Paulo, minha *alma mater*, e à Universidade Nove de Julho que me proporcionou o convívio com docentes de escol, acervo e ferramental acadêmicos de excelência.

SUMÁRIO

PREFÁCIO VII

AGRADECIMENTOS.. XI

INTRODUÇÃO.. XVII

1. DADOS PESSOAIS NA ECONOMIA DIGITAL 1
   1.1 Privacidade e proteção de dados pessoais 1
        1.1.1 A privacidade em sua gênese antropológica 2
        1.1.2 A privacidade na Antiguidade Clássica 3
        1.1.3 O surgimento da privacidade na Era Moderna 5
        1.1.4 O direito à privacidade e sua tutela na economia digital.... 8
   1.2 Informações, dados pessoais e dados sensíveis.......................... 12
        1.2.1 Bancos de dados e a mudança quantitativa e qualitativa no tratamento de dados pessoais decorrente do avanço tecnológico............. 14
        1.2.2 Dados pessoais: de subproduto a insumo da economia digital 16
   1.3 Economia digital.. 18

2. EMPRESAS TRANSNACIONAIS DE TECNOLOGIA DA INFORMAÇÃO....... 25
   2.1 Do perfil multinacional ao transnacional 25
   2.2 Conceito.. 31
   2.3 Poder econômico e regulação 35
   2.4 Análise do negócio a partir da matriz swot............................... 41
        2.4.1 Forças (*strenghs*) 42
        2.4.2 Fraquezas (*weaknesses*) 44
        2.4.3 Oportunidades (*opportunities*)... 44
        2.4.4 Riscos (*risks*) 46
   2.5 Operações de tratamento dos dados pessoais e riscos regulatórios....... 49

2.5.1 Coleta 49

2.5.2 Processamento.. 52

    2.5.2.1 Depósito de dados (*data warehousing*) 53

    2.5.2.2 Mineração de dados (*data mining*).. 54

    2.5.2.3 Sistema de processamento analítico on-line (*Online Analytical Processing*).. 54

    2.5.2.4 Elaboração de perfil (*profiling*) 55

    2.5.2.5 Sistema da avaliação (*scoring*) 56

2.5.3 Circulação... 56

3. SISTEMA REGULATÓRIO GLOBAL DE PROTEÇÃO DE DADOS PESSOAIS 59

3.1 Organização das Nações Unidas... 59

    3.1.1 Assembleia Geral 61

    3.1.2 Conselho de Direitos Humanos.. 62

    3.1.3 Corte Internacional de Justiça.. 64

3.2 Declaração Universal dos Direitos Humanos 65

3.3 Princípios orientadores sobre empresas e direitos humanos...................... 66

3.4 Objetivos de Desenvolvimento Sustentável 2020-2030 69

3.5 Análise crítica do sistema global de proteção.. 72

4. SISTEMA REGULATÓRIO INTERNO DE PROTEÇÃO DE DADOS PESSOAIS.. 77

4.1 Modelos regulatórios de proteção de dados pessoais 78

4.2 Proteção de dados como direito humano e fundamental 79

    4.2.1 O Julgamento da ADI nº 6.393/2020.. 83

    4.2.2 A Emenda Constitucional nº 115 de 10/02/2022 85

4.3 Normas setoriais 86

4.4 A Lei Geral de Proteção de Dados Pessoais (LGPD)................................... 89

    4.4.1 Modelo de aplicabilidade da LGPD.. 90

        4.4.1.1 Condições de legitimidade para o tratamento de dados pessoais 91

        4.4.1.2 Procedimentos para garantir a proteção de dados pessoais. 93

        4.4.1.3 Consequências pelo descumprimento das normas de Proteção de Dados 95

	4.4.1.3.1 Sanções Administrativas	96
	4.4.1.3.2 Responsabilidade Civil	98
4.5	A proteção de dados e o papel do estado-juiz	99

5. A INTERFACE ENTRE OS PRINCÍPIOS DE RUGGIE E AS FUNÇÕES DA RESPONSABILIDADE CIVIL 101

5.1 Primeiro pilar dos Princípios de Ruggie: o dever do estado de proteger direitos humanos e a função preventiva da responsabilidade civil 105

    5.1.1 A função preventiva da responsabilidade civil 107

5.2 Segundo pilar dos Princípios de Ruggie: a responsabilidade das empresas de respeitar os direitos humanos e a função punitiva da responsabilidade civil 109

    5.2.1 A função punitiva da responsabilidade civil 116

5.3 Terceiro pilar dos Princípios de Ruggie: o acesso a mecanismos de reparação e a função reparatória da responsabilidade civil 118

    5.3.1 A função reparatória da responsabilidade civil 120

CONCLUSÃO 123

REFERÊNCIAS 127

INTRODUÇÃO

Vivemos em uma época espetacular. Pertencemos à era digital. Todas as nossas necessidades são supridas por aplicativos disponibilizados diariamente em nossos celulares. Antes mesmo de saber que tínhamos uma necessidade, uma nova funcionalidade é sugerida. Somos levados à impressão de que nosso objeto mais íntimo, o celular, pode ouvir nossas conversas e adivinhar nossos pensamentos. Todos os dias é Natal para as crianças, com novos jogos e novas atividades repletas de sons e imagens que são acessíveis com apenas um par de toques. Vivemos uma época de felicidade plena, com toda a tecnologia a favor da humanidade, para tornar a existência do indivíduo uma feliz e recompensadora passagem por esta vida terrena. Ou é isso que somos levados a pensar.

O avanço tecnológico contribui para que o indivíduo seja provido de satisfação existencial enquanto é respeitado como ser humano? Estamos, portanto, em um caminho virtuoso? A tecnologia agrega atributos à nossa personalidade ou promove a erosão da individualidade? O que alimenta essa máquina de progresso e felicidade? Quem são os nossos benfeitores? Ainda precisamos pertencer a uma nação para nos sentirmos parte de uma comunidade humana do tamanho de um país? Esperamos que nossa pátria nos proteja ou que, ao contrário, não interfira no fluxo de nossa felicidade informacional? Este é um questionamento individual ou faz parte de uma preocupação global? Trata-se de vertigem ou entusiasmo?

Tais questionamentos perturbadores poderiam permear apenas os efêmeros instantes de recarga de nossos aparelhos celulares. Porém, a inquietação remanescente entre cliques e *likes* motivou a pesquisa que originou a presente obra.

Desde a Antiguidade Clássica, reconhece-se que o indivíduo busca a felicidade e, conscientemente, tem anseio pela convivência com seus semelhantes. Tem na família seu mais restrito espaço de convivência, onde desenvolve suas mais rudimentares aptidões e supre suas mais básicas necessidades para, em seguida, fazê-lo em uma esfera de convivência mais ampla, a sociedade política, para buscar novos horizontes de desenvolvimento e realização.

A ordem dos tempos revelou a Era Moderna com a natural separação dos indivíduos em grupos, segundo uma ordem econômica estabelecida em torno do capital, o que proporcionou ao indivíduo dotado de patrimônio a escolha de seu nível de recato, a salvo das ingerências políticas. Nessa nova sociedade, surge incipiente o conceito de privacidade, ainda atrelado ao patrimonialismo, instrumentalizado por um forte componente individualista.

A primeira Revolução Industrial foi o componente econômico definitivo para que a privacidade fosse identificada como algo caro ao indivíduo, de modo a proporcionar seu reconhecimento como algo inerente a todo e qualquer ser humano, independentemente de ser o detentor dos meios de produção ou um desprovido trabalhador. Assim considerada, cada indivíduo tinha seus próprios anseios e necessidades e, como tal, consumia de acordo, empenhando sua força de trabalho para fazê-lo, num ciclo perfeito.

Desde então, economia e tecnologia se desenvolveram como gêmeos simbióticos alimentados pelo crescimento populacional de trabalhadores e consumidores, o que conduziu a humanidade, após duas grandes guerras, à era digital.

Nessa nova economia digital, o indivíduo se insere numa comunidade global, caracterizada pelo acesso a plataformas digitais de interação ágeis e de fácil manuseio, conferindo-lhe o pertencimento a uma grande comunidade global que desconhece fronteiras políticas ou regionais.

Os provedores dessa nova ordem relacional não são países, mas empresas, cuja atuação se dá em caráter transnacional, mediante um arcabouço jurídico contratual que transcende regulações locais. A força motriz dessa nova economia são os dados pessoais dos indivíduos engajados ou não no ambiente digital que, uma vez coletados, são processados e circulam pelo ambiente virtual com a finalidade de prover novas funcionalidades acessíveis pelas plataformas digitais, engajando novos usuários que consumirão novos produtos. As tecnologias de processamento de dados em massa proporcionam a tais empresas conhecerem os desejos e as variabilidades comportamentais dos indivíduos, o que permite, assim, manipulá-los conforme o melhor interesse econômico.

Na medida em que os relacionamentos interpessoais na rede mundial de computadores são materializados unicamente pelos dados que individualizam cada pessoa humana e, ao mesmo tempo, é impossível se abster de existir nessa nova ordem mundial, traz-se a questão da tutela da personalidade na economia digital.

A proteção da privacidade na era informacional transmuda-se no conceito de proteção de dados pessoais e reclama uma atuação estatal compatível com o caráter transnacional dos provedores dessa nova realidade. O consenso mundial quanto à necessidade de proteção da pessoa humana contra a perpetuação desse ambiente que viola direitos humanos de primeira ordem, como a liberdade, a igualdade e a privacidade, fez surgir, no âmbito global de governança, declarações de direitos, tratados e recomendações que, conquanto dotadas de elevado caráter protetivo, não possuem a força necessária para ombrear o poderio econômico das empresas transnacionais de tecnologia da informação.

Em nível local, cada um dos países soberanos do globo passou a incorporar a defesa dos direitos humanos em seus ordenamentos jurídicos, tendo por vetores diretrizes de consenso quanto à proteção de dados pessoais. No entanto, o poder político advindo da soberania estatal e da obrigatoriedade das leis regulatórias encontra limitações que perpassam pela questão da territorialidade da jurisdição e pela efetividade e potencial coercitivo das medidas de força tomadas em face dessas empresas.

O principal objeto das declarações e tratados internacionais no direito internacional, bem assim como das leis de proteção de dados, com âmbito interno de cada país, consiste em regular o uso e o tratamento de dados pessoais.

Embora exista um consenso mundial quanto à necessidade de um tratamento uniforme de proteção de dados pelas diversas nações, e os organismos de governança internacional possuam o compromisso das nações quanto ao cumprimento do dever de proteção e reparação a esse direito universal, não existe um órgão, ou autoridade equivalente, que tenha poder vinculativo sobre as empresas transnacionais ou que sobre elas possa exercer medidas de força para exigir o respeito a esse mesmo direito.

A presente obra demonstra que o Brasil tem condições legais e estruturais de garantir que as empresas transnacionais de tecnologia da informação respeitem o direito humano de proteção de dados pessoais, em nível local, pelo exercício da jurisdição, tendo por anteparo o arcabouço regulatório nacional. Dessa forma, tem aptidão de suprir as lacunas e deficiências, nesse particular, do sistema regulatório global de proteção de direitos humanos.

Tem-se por objetivo contribuir para o incremento da percepção de valor, pelos operadores do direito, do direito à proteção de dados pessoais, por consistir em um direito humano, reconhecido mundialmente e, no âmbito do ordenamento jurídico nacional, ser consagrado como direito fundamental pela Constituição Federal. Busca, ainda, lançar luzes sobre o fato de que o ordenamento jurídico nacional possui estrutura e instituto capazes de garantir sua proteção e prover reparação à altura da lesão.

O alcance desse objetivo contempla demonstrar que o direito à proteção de dados pessoais é um direito autônomo em relação ao direito à privacidade; demonstrar que se trata de um direito humano, passível de proteção pelo sistema regulatório global de proteção de dados pessoais, bem como consiste em um direito fundamental, passível de tutela prioritária pelo ordenamento jurídico nacional; demonstrar que as características das empresas transnacionais de tecnologia da informação demandam regulação de espectro global; apontar as lacunas do sistema regulatório global e, finalmente; demonstrar que o sistema regulatório interno é apto a concretizar, em nível local, os preceitos de proteção do direito humano e fundamental à proteção de dados pessoais.

Reputa-se que a originalidade deste propósito deste decorre da ausência de estudos acerca da integração do sistema regulatório global de proteção de dados pessoais, pelo sistema regulatório interno sob o recorte da função estatal jurisdicional.

Para atingir esse objetivo, será abordado o surgimento da privacidade e sua evolução conceitual, que originou o direito autônomo à proteção de dados, ampliando o espectro da tutela da personalidade, atingindo o patamar de direito universal, no contexto da economia digital.

O estudo prossegue com a análise da transformação das empresas multinacionais em transnacionais no contexto da economia digital, detalhando a atividade empresarial de tratamento de dados pessoais para se chegar a uma análise, pelo modelo SWOT, das características do modelo de negócio que dão embasamento ao poder econômico alcançado pelas maiores empresas transnacionais de tecnologia da informação.

A partir dessas bases teóricas, passa-se à análise dos sistemas regulatórios, iniciando-se pelo sistema global, capitaneado pela Organização das Nações Unidas – ONU, baseado na Declaração Universal de Direitos Humanos e nos Princípios Orientadores sobre Empresas e Direitos Humanos, também conhecidos como Princípios de Ruggie.

A análise crítica das lacunas do sistema regulatório global conduz à busca, no sistema regulatório interno, de mecanismos de integração do sistema global a partir do ordenamento jurídico brasileiro, com vistas a demonstrar a hipótese incialmente proposta de que este possui plenas condições, sob os planos de existência e validade, de concretizar, no âmbito territorial da soberania nacional, o modelo de proteção global.

Nesse cenário, o primeiro capítulo parte da análise das características do direito à proteção de dados pessoais como resultado do processo evolutivo do conceito de privacidade em cotejo ao avanço tecnológico, para inseri-lo como aspecto fundamental da tutela da personalidade no contexto da economia digital.

A partir dessa constatação, o segundo capítulo cuida do tratamento massivo de dados pelas empresas transnacionais de tecnologia da informação e será analisado desde sua menor unidade de grandeza, o dado pessoal, perpassando pela modificação quantitativa e qualitativa dos resultados advindos de seu tratamento em massa para, então, delinear sua importância para a geração de valor na economia digital, sob as perspectivas de insumo e subproduto da economia digital.

A empresa transnacional de tecnologia da informação, protagonista da Nova Economia, é tratada conceitualmente a partir da empresa multinacional para identificar as características que as diferenciam e proporcionam uma atuação diversa e adaptada à nova ordem econômica, focalizando, assim, o embate entre seu modelo de negócios e as tentativas de regulação estatal.

O estudo do modelo de negócios é aprofundado tendo-se em linha de conta a perspectiva da análise conjuntural da atividade pela matriz SWOT, para depois ser especificada com a identificação das principais operações de tratamento de dados pessoais realizadas por essas empresas e seus possíveis impactos regulatórios sob a perspectiva da Lei Geral de Proteção de Dados Pessoais.

O contraponto à atividade empresarial desempenhada sob tais premissas é representado por um sistema regulatório.

Advindo da evolução conceitual do direito à privacidade, direito humano consagrado pela Declaração Universal de Direitos Humanos, o direito à proteção de dados pessoais adquire igual patamar valorativo na ordem jurídica mundial, merecedor de tutela do sistema regulatório global de proteção de dados pessoais, personificado pela Organização das Nações Unidas e seus órgãos auxiliares e fundamentado no aludido diploma, que embasa o Direito Internacional, e em recomendações balizadoras das relações de abrangência global que tocam os direitos humanos.

O detalhamento do sistema regulatório global de proteção de dados pessoais é tema do terceiro capítulo, e tem foco nos Princípios Orientadores sobre Empresas e Poder Público, que traçam balizas para atuação desses entes com vistas a proteger, respeitar e reparar eventuais violações aos direitos humanos. Neste passo, o sistema global será tratado em cotejo à própria Declaração Universal de Direitos Humanos e aos Objetivos de Desenvolvimento Sustentável 2020-2023 da ONU para proporcionar uma análise crítica de sua efetividade e aptidão de, isoladamente, coibir a violação dos direitos humanos pelas empresas transnacionais de tecnologia da informação no espectro global de atuação.

O sistema regulatório interno de proteção de dados pessoais é abordado no quarto capítulo, sob o recorte da proteção do direito humano de proteção de dados pessoais na qualidade de direito fundamental consagrado pela Constituição Federal da República Federativa do Brasil, garantido pela função estatal jurisdicional, atribuída constitucionalmente ao Poder Judiciário, no âmbito do processo judicial. Dentre os diversos sistemas regulatórios estudados, será identificado aquele adotado pelo ordenamento jurídico pátrio para aprofundar o estudo da regulação sob três vieses, do direito fundamental, das normas setoriais e da Lei Geral de Proteção de Dados Pessoais.

A demonstração da hipótese proposta tem lugar no último capítulo, com a identificação, dentre as disposições regulatórias, do instituto jurídico hábil a municiar o Estado-Juiz de instrumento legal hábil a proteger, fazer respeitar e reparar o direito humano e fundamental à proteção de dados pessoais violado, qual seja, o instituto da responsabilidade civil.

A demonstração da correlação e pertinência entre os Princípios de Ruggie e o instituto da responsabilidade civil surgirá a partir do cotejo entre os princípios fundamentais de cada um dos três pilares – dever do Estado de proteger direitos humanos, responsabilidade das empresas de respeitar os direitos humanos e o dever estatal de prover acesso a mecanismos de reparação – e as funções preventiva, punitiva e reparatória da responsabilidade civil.

A conclusão da obra se utilizará dos achados relacionais entre os deveres impostos pelo sistema regulatório global de proteção de dados pessoais aos Estados e a aplicação do instituto da responsabilidade civil, a partir da perspectiva de suas funções, para apresentar e suscitar oportunidades de aprimoramento da atividade jurisdicional, com vistas ao incremento da proteção aos direitos humanos a partir da proteção de dados pessoais.

1
DADOS PESSOAIS NA ECONOMIA DIGITAL

Na economia digital, dados pessoais transcendem o status de simples informações para se tornarem o verdadeiro motor propulsor do novo modelo econômico.

Esses dados, que englobam desde nomes e endereços até preferências de consumo e padrões de comportamento, são utilizados para alimentar algoritmos e inteligências artificiais, criando produtos e serviços cada vez mais personalizados. A capacidade de coletar, analisar e utilizar essas informações tornou-se um diferencial competitivo crucial, possibilitando que empresas não apenas atendam, mas antecipem as necessidades dos consumidores.

Além disso, os dados pessoais são peças-chave na inovação e no desenvolvimento de novas tecnologias. Eles contribuem para a melhoria de sistemas de saúde através da medicina preditiva, otimizam a gestão de cidades com o urbanismo inteligente e revolucionam o setor financeiro por meio das fintechs.

Este capítulo inaugural toma por base essas premissas para proceder à análise do bem jurídico que passou a receber do direito proteção global e local que são objetos deste estudo, bem assim como o contexto em que se insere.

1.1 PRIVACIDADE E PROTEÇÃO DE DADOS PESSOAIS

Privacidade e proteção de dados pessoais são conceitos que, embora interconectados, delineiam bens jurídicos distintos que são frequentemente interpretados como sinônimos em um cenário digital em constante evolução.

Na atualidade, os Estados soberanos não são mais os únicos detentores dos recursos tecnológicos que lhes permitia exercer o controle sobre a autodeterminação dos povos e, consequentemente dos indivíduos. É ultrapassada a ideia de vigilância estatal exclusiva imaginada por George Orwell, em sua obra "1984", cuja distopia é sintetizada na ideia de permanente observação de cada um dos indivíduos pelo Grande Irmão.

O reinado dos computadores de grande porte na década de 1970 foi o ambiente no qual empresas privadas de tecnologia surgiram para que, na década seguinte, trouxessem parte do poder de processamento de dados, antes segregados aos ambientes de governos e grandes universidades, para o ambiente doméstico, com a criação do computador pessoal.

Redes privadas de comunicação telemática passaram a ser interligadas por protocolos de comunicação baseados em requisitos técnicos de consenso para dar origem ao que hoje se conhece como a Internet.

No atual milênio, a rede mundial de computadores proporciona a rápida e eficiente comunicação entre pessoas que habitam, teoricamente, qualquer local do globo terrestre. E os dados que circulam são o insumo da nova ordem econômica.

O conceito de privacidade, forjado por centenas de anos de história, não mais tutela de modo suficiente violações de aspectos da personalidade humana que decorrem exclusivamente do tratamento de dados pertencentes às pessoas naturais.

Situações como o perfilamento racial ensejador de potencial segregação decorrente do tratamento massivo de dados populacionais; a elaboração de "listas sujas" constituídas pelos dados de pessoas que são alijadas do mercado de trabalho pelo simples fato de terem buscado a tutela jurisdicional de um direito trabalhista; a exigência de testes genéticos pré-contratuais que impedem o acesso de pessoas com deficiência a postos de trabalho; e a gravação ambiente de espaços públicos com a captação de imagens e identificação biométrica de pessoas que exercem o direito de livre locomoção ou de liberdade de reunião, são exemplos que delineiam o direito à proteção de dados pessoais.

1.1.1 A privacidade em sua gênese antropológica

A noção de privacidade se desdobra em múltiplos aspectos e, sob o ponto de vista histórico, pode ser identificada em várias culturas e períodos, sendo, por essa característica, considerada dinâmica.

Esse particular aspecto foi identificado por Danilo Doneda, cuja obra "Da privacidade à proteção de dados pessoais" traça percuciente histórico da primeira manifestação humana na busca pela privacidade, decorrente do gradativo abandono das habitações comunitárias da pré-história até os dias atuais, motivo pelo qual tais referências serão utilizadas como balizas no presente trabalho.

A definição jurídica de privacidade, ensina Doneda, referindo-se a Alan Westin e James Michael, não prescinde da consideração inicial de que a necessidade de isolamento ou privacidade possui bases naturalísticas e antropológicas para, somente então, nos atermos à ideia de que *a* "privacidade é uma noção cultural induzida no curso do tempo por condicionantes sociais, políticos e econômicos, pelo que se justifica proceder no plano histórico para a sua contextualização jurídica".[1]

Citando Georges Duby, Doneda aponta que a contextualização da gênese da denominada esfera privada do ser humano indica, no âmbito da antropologia, que a inicial busca por agrupamentos humanos para rivalizar a natureza, o algoz do homem primitivo, deu lugar, gradativamente, à construção e aperfeiçoamento de vários elementos que o individualizavam, como nome, família, bens, regras, credo, labuta e procriação.[2]

Nessa mesma seara do conhecimento, identificou-se que, nas sociedades primitivas e de formações aborígenes, seu grau de desenvolvimento correspondia ao grau de delimitação de uma esfera privada de um ou de parte de seus membros, o que levou à conclusão de Alan Westin que, de fato, a fruição de períodos de isolamento, tanto material quanto psicológico, consiste numa necessidade biológica do homem.[3]

Essa sofisticação na ideação da privacidade percorreu a história humana até encontrar na *polis*, da Antiguidade Clássica, solo fecundo para a estruturação de uma divisão conceitual entre o público e o privado.

1.1.2 A privacidade na Antiguidade Clássica

Diversamente do pensamento de Platão, que sustentava não haver diferença entre esfera particular e coletiva, Aristóteles afirmava essa distinção, partindo do reconhecimento da vida privada para alcançar a plenitude da existência humana no ambiente coletivo, a *polis*.

O surgimento do conceito de privacidade como expressão estruturada da psique humana pode ser atribuído à filosofia aristotélica que, segundo sua lógica, conduz à compreensão da privacidade como um direito humano desde a antiguidade clássica.

Em sua obra "Política", Aristóteles observa que, enquanto os animais se reúnem por instinto, os homens o fazem conscientemente, o que demonstra sua inclinação imanente à convivência com seres semelhantes a si.

---

1. DONEDA, Danilo. *Da privacidade à proteção de dados pessoais*. 2. ed. São Paulo: Thomson Reuters Brasil, 2019. p. 107.
2. DUBY, Georges; ARIÈS, Phillipe. *La vita privata*: dal Feudalismo al renascimento. Bari: Laterza, 2001. p. 15.
3. WESTIN, Alan. *Privacy and freedom*. New York: Antheneum, 1967. p. 88 et seq.

A partir da constatação de que o homem é carente por estabelecer relações e, para sua manutenção, cria leis e regras de poder, Aristóteles postula que o homem não pode viver sozinho, alheio ao relacionamento de comunidade.

Segundo o filósofo, a célula *mater* da sociedade é a família (*oikos*), originada da necessidade humana de mantença da espécie pela procriação e garantia da sobrevivência material, pelo estabelecimento de relações de poder entre seus integrantes, quais sejam o homem, a mulher, os escravos e os filhos, administrados pelo primeiro, seu membro mais velho, "que tem uma espécie de poder real".[4]

Esse ambiente familiar, cuja característica primordial é o atendimento de necessidades básicas, é propício ao desenvolvimento de uma ética individual, identificando-se, pois, na visão do filósofo, como sendo a esfera privada do indivíduo.

No entanto, por sua condição de animal que tem o anseio pela sociabilidade (*zoon politikon*), a evolução humana no entendimento das relações redunda no atingimento do estágio de vilarejo, cujas relações de poder e convenções são diferentes das da família, por contemplar a preocupação do homem com a administração dos bens e do culto religioso comum.

Essa fase transitória do universo particular para o público revela a busca do intelecto humano pela realização de um bem, o atingimento da felicidade (*eudeamonia*), que somente se daria em sua plenitude na formação da cidade ou estado (*polis*), resumida na seguinte reflexão do filósofo:

> Sabemos que toda cidade é uma espécie de associação, e que toda associação se forma tendo por alvo algum bem; porque o homem só trabalha pelo que ele tem em conta de um bem. Todas as sociedades, pois, se propõem qualquer bem – sobretudo *a mais importante delas*, pois que visa a um bem maior, envolvendo todas as demais: a cidade ou sociedade política.[5]

Esta sociedade política seria o único ambiente em que o homem atingiria sua virtude mais importante, a justiça, pela qual, num agrupamento humano de grande escala, dar-se-ia a cada um aquilo que lhe é de direito, sendo este o valor fundamental da cidade.

Nas palavras de Giovanni Reale e Dario Antiseri:

> O bem do indivíduo é da mesma natureza que o bem da Cidade, mas este 'é mais belo e mais divino' porque se amplia da dimensão do privado para a dimensão do social, para a qual o homem grego era particularmente sensível, porquanto concebia o indivíduo em função da Cidade e não a Cidade em função do indivíduo.[6]

---

4. ARISTÓTELES. *Política*. 2. ed. Bauru: Edipro, 2009. p. 15.
5. Ibidem, p. 13.
6. REALE, Giovanni; ANTISERI, Dario. *História da Filosofia*: São Paulo: Paulus, 2012. v. 1, p. 208.

Segundo o filósofo, portanto, se as diversas modalidades de agrupamento humano – família, vilarejo e cidade – se destinam a suprir necessidades humanas universais, quais sejam, progressivamente, sobrevivência, procriação, administração de bens, exercício de culto religioso comum e busca da justiça, o atingimento do ideal de justiça, característico da *polis,* tem por pressuposto a proteção dos anseios e direitos relacionados às fases anteriores à cidade.

Doneda refere-se a Hannah Arendt para confirmar essa afirmação da dualidade de esferas de existir, ao citar que o respeito que havia na *polis* com o recato e com a própria propriedade privada existiam somente porque eram pressupostos da vida em sociedade, o que era o verdadeiro objetivo almejado.[7]

1.1.3 O surgimento da privacidade na Era Moderna

Durante a Idade Média, é impossível identificar uma busca sistemática das pessoas pelo isolamento ou pela privacidade, identificando-se, segundo Doneda, somente casos pontuais em que alguns senhores feudais optaram pela solidão, em detrimento da vida pública.

Foi com o surgimento e a ascensão da classe burguesa, a partir do século XVI, que trouxe consigo uma nova arquitetura das casas e um novo arranjo habitacional em cidades (burgos), que propiciou uma fatual separação por classes e categorias, que pode ser identificado de forma clara o delineamento da atual noção de privacidade.[8]

Hannah Arendt pontua que o surgimento da noção moderna de privacidade não se deu anteriormente a esse momento histórico porque esse enriquecimento da esfera privada se deu como consequência do individualismo em oposição ao conceito de esfera social, e não em oposição à esfera política, como foi na Antiguidade Clássica.[9]

De fato, a consideração da plenitude individual naquele período era obtida somente na vida pública, sendo a privação da participação do indivíduo na *polis* uma excepcionalidade tolerada, pois que, se vivesse somente na esfera privada, não poderia aceder à esfera pública. Na Era Moderna, conquanto incipiente o conceito de sociedade civil categoricamente divisado do Estado-Nação, o indivíduo passa a encontrar na sociedade civil o terreno propício à escolha quanto ao seu nível de recato, infenso às ingerências do ente público.

Doneda cita Rodotá para definir que:

---

7. ARENDT, Hannah. *Vita Activa*: la condizione umana. Milano: Bompiani, 1998. p. 21.
8. RODOTÀ, Stefano. *Tecnologia e diritti*. Bologna: Il Mulino, 1995. p. 22.
9. ARENDT, Hannah. *Vita Activa*: la condizione umana. Milano: Bompiani, 1998. p. 28.

A privacidade passa a ser prerrogativa de uma emergente classe burguesa que, com seu forte componente individualista, dela se utiliza para marcar sua identidade na sociedade e também para que o solitário burguês se isole dentro de sua própria classe.[10]

Nesse contexto social em visível transformação, o individualismo de Hobbes, expresso na ideia de que o homem possui um direito natural à liberdade de existência, à criação e à propriedade privada, funde-se ao liberalismo de John Locke para fundamentar o conceito burguês de propriedade, para estruturar a sociedade moderna no binômio liberdade-propriedade.

Locke revisita o individualismo de Hobbes para defini-lo como "individualismo-possessivo", baseado na concepção de que a propriedade potencializa os direitos fundamentais do homem, por ser capaz de prové-lo de refúgio e sustento.

O atrelamento da concepção de privacidade ao conceito de propriedade privada foi consolidado antes que a Revolução Industrial (1760 a 1840) provocasse uma profunda mudança no tecido social europeu, em decorrência da massificação das relações de trabalho, desenvolvidas em condições de franca insalubridade que, impulsionada pelo liberalismo, proporcionava o acúmulo de riquezas aos donos dos meios de produção, tão somente.

A esse ponto, em que somente aqueles que auferiam as riquezas da produção tinham acesso à propriedade privada garantidora da reserva da privacidade, havia grande contingente populacional que ignorava o conceito, quiçá a fruição, de privacidade, por absoluta falta de acesso aos bens privados, o que tolhia dessa massa populacional o exercício da própria liberdade.

Foi John Stuart Mill que, interpretando o cenário socioeconômico à época, desenvolveu a ideia de *privacy* como uma forma de resistência do indivíduo diante da violência das relações desumanas de trabalho decorrente da sociedade industrial.[11]

A partir da concepção de que, a despeito de não deter os meios de produção, a classe trabalhadora tinha fundamental papel no impulsionamento da revolução e consequente produção de riquezas, propunha um balizamento corretivo ao liberalismo puro mediante a garantia da liberdade de pensamento e debate a salvo da intervenção estatal.

A identificação, pois, de uma esfera da liberdade humana em que o indivíduo pode, de forma desatrelada de possuir bens privados, exercer o direito ao pensamento e à opinião pessoal consiste na primeira concepção de privacidade como conceito autônomo.

---

10. RODOTÀ, Stefano. *Repertorio di fini secolo*. Bari: Laterza, 1999. p. 205.
11. MILL, John Sutart. *On liberty*. Kitchener: Batoche Books, 2001. p. 15.

Rodotá é citado por Doneda para ponderar que "a irrupção da privacidade não representa a continuidade de uma tradição anterior, porém um modo de reconhecimento da própria individualidade típico da burguesia, que diferencia no corpo social e que é instrumentalizada com forte componente individualista".[12]

A incipiente consolidação dessa nova ideia de privacidade sofreu um golpe que seria decisivo para um novo ciclo de ressignificação, o surgimento dos meios de comunicação de massa, que passaram a tornar amplamente público aquilo que se buscava manter restrito a uma pequena parcela de indivíduos.

Foi nessa época que tanto o casamento do advogado Samuel Warren com a filha do Senador Thomas Franklin Bayard, Mabel Bayard, bem assim como a rotina doméstica do casal, foram ampla e ricamente divulgadas pelo The Saturday Evening Gazette, dando-lhes publicidade indesejada. Foi resultado desse fato a publicação do seminal artigo "The right to privacy", em coautoria com seu sócio Louis Brandeis, em 1890, que é considerado a primeira referência oficial de privacidade como um direito.[13]

A contribuição norte americana ao conceito de privacidade sacramentou, na chamada tradição legal do ocidente, a desvinculação entre a proteção da privacidade e o direito à propriedade, atrelando-a, diversamente, à chamada *inviolate personality*, direito de natureza pessoal que desloca o eixo referencial da privacidade, da propriedade para a pessoa humana, sendo determinante na proteção da privacidade no século seguinte.[14]

A consagração do rompimento da antiga tradição que associava a proteção da vida privada à propriedade é sintetizado por Warren e Brandeis na definição de privacidade como

> O princípio que protege escritos pessoais e outras produções pessoais, não contra o furto ou a apropriação física, mas contra toda forma de publicação, é na realidade não o princípio da propriedade privada, mas o da inviolabilidade da personalidade (tradução nossa).[15]

Ao consignar necessária cautela na transposição de um conceito advindo da *common law* para nosso ordenamento, baseado na *civil law*, Doneda pondera que o *right to privacy*, em sua concepção original norte-americana, corresponde

---

12. RODOTÀ, Stefano. *Tecnologie e diritti*. Bologna: Il Mulino, 1995. p. 23.
13. WARREN, Samuel D.; BRANDEIS, Louis D. The right to privacy. *Harvard Law Review*, Cambridge, v. 4, n. 5, p. 193-220, 15 Dec. 1890. Disponível em: https://www.jstor.org/stable/1321160. Acesso em: 14 nov. 2023.
14. DONEDA, Danilo. *Da privacidade à proteção de dados pessoais*. 2. ed. São Paulo: Thomson Reuters Brasil, 2019. p. 124.
15. WARREN, Samuel D.; BRANDEIS, Louis D. The right to privacy. *Harvard Law Review*, Cambridge, v. 4, n. 5, p. 193-220, 15 Dec. 1890. Disponível em: https://www.jstor.org/stable/1321160. Acesso em: 14 nov. 2023. p. 215.

ao que se poderia denominar, à luz de nossas bases teóricas, um direito geral de personalidade.

A contribuição do citado artigo para o delineamento dos limites do direito à privacidade como um direito negativo, ainda com autêntico caráter individualista, identificou que não se presta a impedir a publicação daquilo que é de interesse geral; não veda a comunicação daquilo que, a despeito de privado, é tratado sob autorização legal; a reparação de uma revelação verbal tem por pressuposto a decorrência de dano; o consentimento elide a violação do direito e; a falta de intenção ou dolo não excluem a violação ao direito.[16]

1.1.4 O direito à privacidade e sua tutela na economia digital

O legado referencial do *right to privacy* percorreu décadas sendo replicado nos diversos ordenamentos jurídicos do mundo e, por este motivo, demonstrava necessitar de uma definição que fosse um denominador comum à diversas culturas nas quais se encontra inserido.

A proliferação dos meios de comunicação e a revolução tecnológica, sobretudo com o advento da Internet, permitem concluir que, no atual contexto organizacional de poderes, a divulgação massiva de um fato pelos meios de comunicação tradicionais, como rádio e televisão, aflige a personalidade humana tanto quanto a uma manipulação de nossas informações pessoais por atores com pretensões das mais diversas e submetidos a diferentes sistemas jurídicos, no contexto da nova economia digital.

No transcorrer do século XX, a evolução global do modelo estatal, que tinha como função precípua proporcionar o bem-estar de seus cidadãos *(welfare state)*, resultou que, para o funcionamento de sua burocracia, de planejamento sofisticado, precisava conhecer as características de seus administrados e necessidades. Tal desiderato somente poderia ser alcançado com a coleta e processamento massivos de dados de seus cidadãos com a criação de grandes bancos de dados estatais.

Concomitantemente, o avanço tecnológico proporcionou meios melhores e mais eficientes de armazenamento, processamento e utilização desses dados, conhecido como tratamento informatizado dos dados, dando azo ao que Stefano Rodotá denominou como sendo um "processo de inexorável reinvenção da privacidade", o que resultou em sua dimensão de proteção de dados pessoais.[17]

---

16. WARREN, Samuel D.; BRANDEIS, Louis D. The right to privacy. *Harvard Law Review*, Cambridge, v. 4, n. 5, p. 193-220, 15 Dec. 1890. Disponível em: https://www.jstor.org/stable/1321160. Acesso em: 14 nov. 2023. p. 214-218.
17. RODOTÁ, Stefano. *A vida na sociedade de vigilância*: a privacidade hoje. Rio de Janeiro: Renovar, 2008. p. 15.

O desenvolvimento da tecnologia da informação a partir da criação de bancos de dados dos indivíduos, na década de 1970, motivou a crescente associação da privacidade a casos de informações armazenadas em bancos de dados.

Laura Schertel Mendes pontua que tal fato pode ser observado pela primeira geração de normas protetivas da privacidade, fundamentadas na regulação do tratamento de dados pessoais, a exemplo da aprovação da primeira prospecção legislativa sobre dados pessoais pelo Parlamento do Estado alemão de Hesse, em 30 de setembro de 1970, resultando em leis locais naquele mesmo ano, as leis do Estado Alemão de Hesse (1970) e motivando a primeira onda de regulações pela Europa. Seguiram-se a esse primeiro movimento a Lei de Dados da Suécia (1973) (*Datalagem*), o Estatuto de Proteção de Dados do Estado alemão de Rheinland-Pflaz (1974) e a Lei Federal de Proteção de Dados da Alemanha (1977).[18]

Em solo americano, insere-se nesse contexto o *Fair Credit Reporting Act* – 1970, com foco na regulação dos relatórios de créditos dos consumidores e o *Privacy Act* – 1974, aplicável à administração pública.

Tais normas de abrangência nacionais foram inspiradoras de importantes instrumentos internacionais e transnacionais que contribuíram para que a proteção de dados pessoais sobressaísse no conceito de privacidade.

Essa fase embrionária do direito autônomo à proteção de dados pessoais é bem identificada por Robert Ellis Smith, ao lecionar, em 1979, que:

> [...] hoje, quando se fala sobre privacidade, geralmente refere-se não apenas ao direito de manter o caráter confidencial de fatos pessoais, porém ao direito de saber quais informações sobre si próprio são armazenadas e utilizadas por outros, e também o direito de manter essas informações atualizadas e verdadeiras.[19]

No irromper da década de 1980, as Diretrizes da OCDE para a proteção da privacidade e dos fluxos transfronteiriços de dados pessoais (1980) e a Convenção nº 108, do Conselho da Europa (1981) – Convenção de Estrasburgo, foram determinantes para que surgisse um sistema global de proteção de dados pessoais, baseado em um mesmo padrão principiológico.

Porém, foi na histórica decisão do Tribunal Constitucional alemão, de 15 de dezembro de 1983, ao julgar a inconstitucionalidade da "Lei do Recenseamento da População, Profissão, Moradia e Trabalho de 25.03.1982", que se reafirmou o direito de livre controle pelo indivíduo sobre o fluxo de suas informações na sociedade, baseado nos artigos da Lei Fundamental que protegem a dignidade

---

18. MENDES, Laura Schertel. *Privacidade, proteção de dados e defesa do consumidor*: linhas gerais de um novo direito. São Paulo: Saraiva, 2014. p. 29-30.
19. SMITH, Robert E. *Privacy*: how to protect what's left of it. New York: Anchor Press, 1979. p. 11.

humana e o livre desenvolvimento da personalidade,[20] formulando, assim, a existência do direito subjetivo fundamental à "autodeterminação informativa", colocando o indivíduo como protagonista no processo de tratamento de dados pessoais.

A sentença de 15 de dezembro de 1983 do Tribunal Constitucional Federal alemão consolidou a existência de um "direito à autodeterminação informativa" (*informationelle selbstestimmung*), que consistia no direito de um indivíduo controlar a obtenção, a titularidade, o tratamento e a transmissão de dados relativos à sua pessoa.

A inclusão progressiva de novos aspectos de liberdade ao conceito de privacidade resultou no surgimento de diversas definições para espelhar diferentes clamores. Conforme enuncia Stefano Rodotá,[21] espelhando um mundo onde nossos dados estão em movimento incessante, A. Westin cita "o direito de controlar a maneira na qual os outros utilizam informações a nosso respeito." Sob o aspecto do exercício da liberdade, isento de preconceitos e estigmas sociais, que, no contexto da economia digital, é comum a coleta e tratamento de dados sensíveis, bem como a formação de perfis sociais, L. M. Friedman preconiza que a privacidade deve ser vista como "a proteção de escolhas de vida contra qualquer forma de controle público e estigma social", que pode se revelar pela redução do indivíduo a simplificações e objetivações apartadas de contexto, consistindo assim a privacidade num direito à reivindicação dos limites que o protegem dessa pasteurização, segundo a ideia de J. Rosen.

O denominador comum de tais definições de proteção da privacidade consiste na preservação de uma esfera da personalidade dentro da qual o indivíduo tenha condições de desenvolver a própria personalidade, livre de ingerências externas.

A concretização desse preceito implica uma atualização da leitura da privacidade, não mais como um diletantismo "daquele indivíduo que nada deve" e frequentemente associado basicamente a um conforto ou comodidade disponíveis.

Na economia digital, que é baseada no tratamento e no livre fluxo de dados pessoais, não se afirma a antiga concepção de privacidade como uma comodidade disponível.

Ao contrário, passa a ter por pressuposto a proteção da pessoa contra todas as formas de controle social com potencialidade de anular sua indivi-

---

20. Art. 1 I GG e Art. 2 I GG, ambos da BVerfGE 65, 1, "Volkszählung".
21. RODOTÁ, Stefano. *A vida na sociedade de vigilância*: a privacidade hoje. Rio de Janeiro: Renovar, 2008. p. 15.

dualidade, maculando ou cerceando sua autonomia privada, inviabilizando assim, o livre desenvolvimento da personalidade individual no contexto da economia digital.

Na visão de Doneda, a enunciação de direito à privacidade como um mero direito subjetivo levaria à limitação de sua tutela pela via exclusivamente remedial (liberdade negativa), pelo instituto da responsabilidade civil que, a despeito de essencial, não envolve todos os matizes, pois deixa de considerar sua função promocional de proteção da pessoa humana (aspecto positivo), em sua dimensão individual e coletiva, e da função como cláusula geral de proteção da personalidade.[22]

Somam-se, portanto, aos aspectos de reserva e isolamento característicos da concepção clássica de privacidade, o interesse de construção e preservação de uma esfera pessoal em que seja possível o exercício da liberdade de escolha, a salvo de controle social ou interferência externa, que permita o pleno desenvolvimento da personalidade. Essa ideia é definida por Rodotá como a "tutela das escolhas de vida contra o controle público e a reprovação social", inserido no contexto de "liberdade das escolhas existenciais".[23]

Denota-se que a tutela da privacidade não mais se resume ao

> direito à privacidade, mas assume um caráter relacional, que deve determinar o nível de relação da própria personalidade com as outras pessoas e com o mundo exterior – pela qual (privacidade) a pessoa determina sua inserção e (grau) de exposição; esse processo tem como resultado o fortalecimento de uma esfera privada do indivíduo – esfera que não é a de Hubman, mas uma que torne possível a construção da individualidade e o livre desenvolvimento da personalidade sem a pressão de mecanismos de controle social.[24]

Rodotá sumariza essa nova concepção da privacidade como sendo "o direito de manter o controle sobre as próprias informações e de determinar as modalidades de construção da própria esfera privada".[25]

Na medida em que, no presente trabalho, busca-se a gênese no direito fundamental à proteção de dados pessoais, é de todo oportuna a ensinança de Davide Messinetti que, sublinhando que o real interesse presente na tutela da privacidade é a dignidade da pessoa humana, definidora de seu plano de aplicação,

---

22. DONEDA, Danilo. *Da privacidade à proteção de dados pessoais.* 2. ed. São Paulo: Thomson Reuters Brasil, 2019. p. 130.
23. RODOTÀ, Stefano. *Tecnologie e diritti.* Bologna: Il Mulino, 1995. p. 202.
24. DONEDA, Danilo. *Da privacidade à proteção de dados pessoais.* 2. ed. São Paulo: Thomson Reuters Brasil, 2019. p. 132.
25. RODOTÀ, op. cit., p. 202.

a privacidade, mais do que um valor em si, consiste na verdade em uma forma de tutela da pessoa humana.[26]

Essa abordagem, conforme ensina Danilo Doneda, permite compreender tanto a tutela da informação fornecida, quanto da recebida por uma pessoa (*inputs* e *outputs*); e, ainda, vista como uma forma de tutela da pessoa humana, abrangeria tanto as hipóteses em que a privacidade seja a questão central quanto aquelas em que a despeito de não ser o elemento central, ou único a ser considerado, demande também a tutela, abarcando assim tanto situações patrimoniais quanto não patrimoniais.[27]

Laura Schertel Mendes sintetiza essa transmudação do direito à privacidade:

> Como se pode perceber, a partir do momento em que a tecnologia passa a permitir o armazenamento e o processamento rápido e eficiente de dados pessoais, dá-se a associação entre proteção à privacidade e informações pessoais. Nesse contexto percebe-se uma alteração não apenas do conteúdo do direito à privacidade, mas também do seu léxico, passando a ser denominada privacidade informacional, proteção de dados pessoais, autodeterminação informativa, entre outros. Dessa forma, opera-se na dogmática e na prática jurídica uma clara evolução do direito à privacidade.[28]

Demonstrado está que o conceito de privacidade evoluiu para acompanhar o fato social da evolução tecnológica inserida na economia digital e, a partir de sua concepção como forma de tutela da pessoa, e não um valor em si considerado, contemplar a tutela das informações pessoais fornecidas e recebidas. Dessa forma, a tutela da privacidade permite que se passe à análise do papel das informações pessoais na economia digital a demandar tutela da privacidade por meio da proteção de dados pessoais.

1.2 INFORMAÇÕES, DADOS PESSOAIS E DADOS SENSÍVEIS

A importância da informação sempre foi um elemento fundamental de poder, sendo, como tal, referenciada por diversos líderes em momentos históricos distintos, e não é, pois, algo exclusivamente atribuído à modernidade tecnológica.[29]

---

26. MESSINETTI, Davide. Il Pluralismo delle forme del linguaggio giuridico. *Rivista Critica del Diritto Privato*, n. 1, 2002. p. 7-47.
27. DONEDA, op. cit., p. 132.
28. MENDES, Laura Schertel. *Privacidade, proteção de dados e defesa do consumidor*: linhas gerais de um novo direito. São Paulo: Saraiva, 2014. p. 29-32.
29. DONEDA, Danilo. *Da privacidade à proteção de dados pessoais*. 2. ed. São Paulo: Thomson Reuters Brasil, 2019. p. 135, nota rodapé 2.

O advento da Internet, na década de 1960, e sua expansão de viés comercial por todo o globo, na segunda metade dos anos 1990, elevaram o fluxo transfronteiriço de dados a um patamar sem precedentes na história humana. Em termos de volume, existe a constatação de que o volume de dados criado nos anos de 2014 e 2015 já era maior do que a quantidade produzida em toda a história da humanidade.[30]

Grande parte dessa informação refere-se a uma pessoa identificada ou identificável, e este fato é o motivo pelo qual a tutela da pessoa se dá pela proteção dos dados que lhe dizem respeito e, por via de consequência, crucial compreender o conceito jurídico de informação e dado.

Ainda que sejam frequentemente utilizados como sinônimos, segundo Raymond Wacks, referenciado por Doneda e Schertel, "dado" possui uma conotação mais primitiva e fragmentada, e consiste, segundo ele, em uma informação em estado potencial ou, em outras palavras, em uma "pré-informação", que precede o processo interpretativo de sua representação e elaboração quanto ao seu conteúdo.

O atrelamento de um fragmento pré-informacional a uma pessoa identificada ou identificável dá àquele sentido próprio e conteúdo consistente em fatos, comunicações e ações que se referem a circunstâncias pessoais ou materiais de um indivíduo, consistindo num "dado pessoal".

A "informação", por seu turno, já pressupõe a depuração de seu conteúdo que, no sentido instrumental do termo, conduz à redução de um estado de incerteza.

O "dado pessoal" é, portanto, um fragmento de informação que, uma vez atrelada a uma pessoa identificada ou identificável, atinge a plenitude do conceito de "informação" por atribuir a ela algum aspecto ou característica verificável.[31]

O conceito de dado pessoal é elemento central do sistema de proteção de dados, porquanto definidor do fato jurídico sobre o qual incidirá a tutela jurídica, definindo-lhe seus limites.

Parafraseando Daniel Justin Solove e Paul Schwartz, a informação pessoal é um dos conceitos centrais em regulação da privacidade, pois define escopo e limites das leis e regulamentos (tradução nossa).[32]

---

30. REVISTA EXAME. *Temos mais dados do que nunca. Como usá-los a nosso favor?* 9 jun. 2021. Disponível em: https://exame.com/carreira/dados-uso-favor/. Acesso em: 26 ago. 2023.
31. A Lei Geral de Proteção de Dados define "dado pessoal", em seu artigo 5º, I, como sendo a "informação relacionada à pessoa natural identificada ou identificável", enquanto a Lei de Acesso à Informação (Lei nº 12.527/2011) define "informação pessoal", em seu artigo 4º, IV, como "aquela relacionada à pessoa natural identificada ou identificável".
32. SCHWARTZ, Paul; M SOLOVE, Daniel J. The PII problem: privacy and a new concept of personally identifiable information. *New York University Law Review*, v. 86, p. 1816, 2011. Disponível em: https://papers.ssrn.com/sol3/papers.cfm?abstract_id=1909366. Acesso em: 14 nov. 2023. p. 1814.

Seguindo uma tendência normativa mundial, a Lei Geral de Proteção de Dados Pessoais adotou um conceito expansionista de "dado pessoal", na medida em que o único critério para ser qualificado como pessoal é a potencialidade do dado em identificar seu titular.[33]

Dentre os dados relacionados à pessoa humana, distingue-se uma categoria de informações que, por espelharem uma camada mais profunda da personalidade, centralizada na intimidade, possuem maior potencial de causar danos à pessoa, caso sejam tratados de forma inadequada, ou seja, uma especial vulnerabilidade, a discriminação.

Assim, dados passíveis de identificar uma pessoa natural relacionados à origem racial ou étnica, convicção religiosa, opinião política, filiação a sindicato ou a organização de caráter religioso, filosófico ou político, dado referente à saúde ou à vida sexual, dado genético ou biométrico são tratados como dados sensíveis.[34]

Sua natureza implica um anseio por maior proteção normativa no que diz respeito aos requisitos para o tratamento desses dados, aos deveres de prevenção e segurança impostos aos controladores desses dados e à responsabilidade civil decorrente de sua eventual malversação.

Por via diversa, se o fragmento informacional, seja ele potencialmente pessoal ou sensível, não puder ser atrelado a uma pessoa identificada ou identificável, por sua origem ou em decorrência da intervenção humana,[35] está-se diante de um dado anonimizado,[36] cujo conteúdo passa a fazer sentido somente quanto tratado de forma coletiva, como uma massa de dados, a exemplo de trabalhos científicos, estatísticos ou correlatos, cujas conclusões passam a consistir, estas sim, no que se define como "informação".

1.2.1 Bancos de dados e a mudança quantitativa e qualitativa no tratamento de dados pessoais decorrente do avanço tecnológico

Denomina-se "tratamento de dados pessoais" toda e qualquer operação técnica que pode ser efetuada sobre dados pessoais, de modo informatizado

---

33. BIONI, Bruno R. *Proteção de dados pessoais*: a função e os limites do consentimento. 2. ed. Rio de Janeiro: Forense, 2020. p. 60.
34. BRASIL. *Lei nº 13.709, de 14 de agosto de 2018*. Lei Geral de Proteção de Dados Pessoais (LGPD). Disponível em: https://www.planalto.gov.br/ccivil_03/_ato2015-2018/2018/lei/l13709.htm. Acesso em: 14 nov. 2023 (art. 5º, inc. II).
35. A "utilização de meios técnicos razoáveis e disponíveis no momento do tratamento, por meio dos quais um dado perde a possibilidade de associação, direta ou indireta, a um indivíduo" consiste na técnica de anonimização de dados originalmente pessoais, conforme o artigo 5º, XI da LGPD (Brasil, 2018).
36. A definição de dado anonimizado encontra-se no artigo 5º, III da LGPD, como sendo: "dado relativo a titular que não possa ser identificado, considerando a utilização de meios técnicos razoáveis e disponíveis na ocasião de seu tratamento" (Brasil, 2018).

ou não, com a finalidade de refinar a informação, tornando-a mais valiosa ou útil.[37]

A Lei Geral de Proteção de Dados adotou por definição legal um conceito exemplificativo mediante a enunciação de algumas operações de tratamento sem, contudo, exauri-las, pois define tratamento de dados pessoais como sendo: "toda operação realizada com dados pessoais, como as que se referem a coleta, produção, recepção, classificação, utilização, acesso, reprodução, transmissão, distribuição, processamento, arquivamento, armazenamento, eliminação, avaliação ou controle da informação, modificação, comunicação, transferência, difusão ou extração".[38]

A execução coordenada de determinadas operações de tratamento sobre uma seleção de dados pessoais com uma determinada finalidade e segundo específicos critérios permite a extração de conclusões e inferências sobre as pessoas às quais os dados se referem.

Essa coletividade de dados é denominada "banco de dados" e é definida como um "conjunto estruturado de dados pessoais, estabelecido em um ou em vários locais, em suporte eletrônico ou físico".[39]

O grau de assertividade e acurácia das conclusões e inferências extraídas da operação de tratamento está diretamente relacionado à quantidade e qualidade dos dados tratados.

Naturalmente, em se tratando de uma operação legítima de tratamento de dados pessoais, a disponibilidade de um conjunto de dados estruturado e interoperável,[40] é fator decisivo para que o poder público execute políticas públicas com eficácia e planejamento baseado em evidências, assim como para que a atividade privada se beneficie nas atividades empresariais e paraestatais.

A preocupação do direito com as bases de dados surge do fato que a crescente informatização, ou seja, a evolução da tecnologia que se emprega para o manejo da informação, se tornou cada dia mais eficiente em armazenar a informação de forma descentralizada, tornando-a praticamente infinita, e da possibilidade de

---

37. MENDES, Laura Schertel. *Privacidade, proteção de dados e defesa do consumidor*: linhas gerais de um novo direito. São Paulo: Saraiva, 2014. p. 58.
38. BRASIL. *Lei nº 13.709, de 14 de agosto de 2018*. Lei Geral de Proteção de Dados Pessoais (LGPD). Disponível em: https://www.planalto.gov.br/ccivil_03/_ato2015-2018/2018/lei/l13709.htm. Acesso em: 14 nov. 2023 (art. 5, inc. X).
39. Ibidem, art. 5, inc. IV.
40. BRASIL. *Lei nº 13.709, de 14 de agosto de 2018*. Lei Geral de Proteção de Dados Pessoais (LGPD). Disponível em: https://www.planalto.gov.br/ccivil_03/_ato2015-2018/2018/lei/l13709.htm. Acesso em: 14 nov. 2023 (art. 25).

se obter novos elementos informativos a partir da cominação desses dados em estado bruto, a partir de técnicas de *big data*.

1.2.2 Dados pessoais: de subproduto a insumo da economia digital

A Segunda Revolução Industrial (1850 a 1945) não caracterizou uma ruptura com sua predecessora, sendo considerada por alguns como um aprimoramento e aperfeiçoamento das tecnologias da Primeira Revolução, a exemplo da evolução dos processos mecanizados de trabalho que deram lugar aos rudimentos da automação do processo produtivo em massa de bens de consumo, baseada na organização científica do Taylorismo e na fabricação em série atribuída ao Fordismo, tendo por principal objetivo o incremento do volume de produção, com a racionalização e diminuição de custos.

Relatam Luciane Ozelame Ribas Colombo et al:

> Com a prosperidade de 1950 e 1960, a ascensão da classe média e a massa de jovens consumidores, fruto do *baby boom* do pós-guerra nos EUA, o consumo se intensifica. Entretanto, isso não era o bastante para manter todo sistema em movimento. O consumidor precisava alimentar o sistema constantemente, ou seja, continuar adquirindo produtos para que a indústria não parasse.
>
> Neste momento o marketing passou a ter um papel fundamental na disseminação do consumo. O marketing de massa se intensifica nos anos cinquenta, graças aos meios de comunicação coletiva.[41]

O declínio da economia de produção em massa, ocorrido na década de 1970, é atribuído, segundo Michael Priore e Charles Sabel, à saturação dos mercados consumidores advindos da profusão da oferta de bens de consumo e sua acessibilidade financeira no pós-guerra. Analisado o mercado de consumo norte-americano, relatam que, à época, a produção de bens de consumo duráveis atingiu seu apogeu. Os autores descrevem esse cenário em que a quase totalidade das famílias possuía televisões, geladeiras, rádios, ferros de passar, máquinas de lavar, torradeiras e aspiradores de pó, enquanto havia a proporção de um carro para cada duas pessoas.[42]

A superação da estagnação do consumo se deu com a crescente oferta de produtos diferenciados, na tentativa de criar novos mercados. Essa personaliza-

---

41. COLOMBO, Luciane Ozelame Ribas; FAVOTO, Thais. Brandt; CARMO, Sidney Nascimento do. A evolução da sociedade de consumo. *Akrópólis*, Umuarama, v. 16, n. 3, p. 143-149, jul./set. 2008. Disponível em: https://ojs.revistasunipar.com.br/index.php/akropolis/article/view/2462. Acesso em: 14 nov. 2023. p. 146.
42. PIORE, Michael; SABEL, Charles. *The second industrial divide. Possibilities for prosperity*. Basic Books, 1984, p. 184 apud Laura Mendes, 2014, p. 85.

ção do indivíduo, a partir do consumo de produtos exclusivos, caros ou escassos para suprir um desejo de ostentação, passou a ser explorada pelos meios de comunicação, e deu surgimento a uma sociedade caracterizada pela abundância e ostentação.

É contemporâneo a essa época o conceito de obsolescência programada com a aceleração do ciclo de vida dos bens duráveis, encontrado como válvula de escape para o rompimento do ciclo de consumo.

No âmbito da tecnologia da informação, na década de 1960, os *mainframes*, computadores de grande porte, reinavam absolutos, porém restritos a instalações governamentais ou acadêmicas. Foi nessa época que se desenvolveu a tecnologia de comunicação entre diferentes redes de computadores, sob a forma de uma rede resiliente de comunicação de escala até então nacional, a ARPANET,[43] que seria o embrião do que hoje se conhece como a Internet.

Paralelamente, a evolução do conceito de computador pessoal ganhou duas importantes iniciativas, em meados da década de 1970. Enquanto, em 1975, Paul Allen e Bill Gates fundavam a empresa Microsoft para comercializar a linguagem *Basic* para a utilização do microcomputador Altair 8800, um ano depois, Steve Jobs e Steve Wozniak iniciaram a empresa que mudaria o rumo da informática, a Apple.

Foi apenas nesse momento, com o sucesso do lançamento de aplicativos de escritório, como planilhas eletrônicas e processadores de texto para computadores pessoais, que essas máquinas passaram a participar do cotidiano de empresas e de pessoas comuns, para substituir tarefas executadas em meio analógico, em papel, para o meio digital.

Dados passaram a ser produzidos e armazenados no microcomputador pessoal, mas ainda ficavam segregados na própria máquina, o que viria a mudar somente com o advento da Internet.

Na década de 1980, observou-se a evolução da sociedade de consumo, marcada pela lógica do efêmero, em que a busca pelo novo cresce proporcionalmente à velocidade da informação. Campanhas publicitárias passaram a atrelar o consumo de determinado produto ao sentimento de felicidade, ainda que, de fato, efêmero.

---

43. "A *Advanced Research Projects Agency Network* (acrônimo ARPANET; em português: Rede da Agência para Projetos de Pesquisa Avançada) foi uma rede de computadores construída em 1969 para transmissão de dados militares sigilosos e interligação dos departamentos de pesquisa nos Estados Unidos, inicialmente financiada pela então Agência de Projetos de Pesquisa Avançada (ARPA, atual DARPA) do Departamento de Defesa dos Estados Unidos." Fonte: Wikipedia, termo de pesquisa "ARPANET".

A ampliação do acesso à informação, com o início do uso comercial da Internet, na segunda metade da década de 1990, ao passo que promoveu o incremento do consumo de bens duráveis, por representar mais um canal de comunicação de publicidade, a produção e armazenamento de dados relativos aos hábitos de consumo de cada indivíduo, adquiriu a possibilidade de trafegar dados pela rede mundial, municiando os fornecedores de informações que permitiriam uma ainda mais intensa personalização do *marketing*.

A exponencialização do uso da Internet como ambiente prioritário de comunicação, a partir dos anos 2000, proporcionou ao indivíduo não apenas realizar tarefas rotineiras em ambiente cuja tecnologia viabilizadora se baseia no fluxo de dados, mas, principalmente, permitiu que, por essa mesma via, ele se comunicasse de diversas formas, fosse pela escrita, por imagem ou vídeo, e expressasse suas opiniões por plataformas de redes sociais e manifestasse seus interesses pelos aplicativos de busca.

É nesse contexto que os dados produzidos pela pessoa, como habitante do espaço virtual, passaram a representar um manancial infindável de informações a respeito do seu mais genuíno perfil comportamental.

A economia digital, como se verá, tem nos dados pessoais seu principal insumo de produção, os quais, através de um tratamento adequado pelo fornecedor de produtos ou serviços, permite traçar perfis de consumo individualizados, antevendo comportamentos e desejos de consumo e, por vezes, condicionando-os.

Este quadrante do trabalho teve por finalidade analisar a importância dos dados pessoais na economia digital, em que grandes corporações transnacionais promovem o tratamento massivo de dados pessoais, não sem atingirem direitos da personalidade, a ensejar a promoção do direito à proteção de dados pessoais.

1.3 ECONOMIA DIGITAL

O surgimento da Internet e sua crescente utilização em escala mundial, sobretudo a partir da segunda metade da década de 1990, resultou numa profunda transformação das relações interpessoais, comerciais e empresariais.

Desde então, a economia mundial tem passado por uma transformação profunda, impulsionada pelas plataformas baseadas na tecnologia da informação e comunicação, como as redes sociais e *marketplaces* e, no âmbito tangível, pelos *smartphones*, introduzidos no mercado com o anúncio oficial do iPhone, pela Apple, em 09 de janeiro de 2007. Essa mescla entre o ambiente social digital e a nova forma itinerante de acesso à rede geraram novas oportunidades de negócios, e mudaram a maneira como as empresas produzem, distribuem e comercializam seus produtos e serviços.

Essa nova realidade é chamada de economia digital, um modelo econômico baseado na colaboração, na descentralização e na inovação, que está transformando a maneira como as empresas operam e as pessoas interagem. Nesse contexto, é fundamental compreender as principais características da economia digital e como elas afetam a economia global.

Joachim Englisch postula que a economia digital não pode mais ser descrita como algo apartado da economia convencional.[44]

Sérgio André Rocha *et al* remetem-se às conclusões do Plano de Ação 1, contido no Projeto da OCDE de enfrentamento ao *Base Erosion and Profit Shifting – BEPS*, para estabelecer que a economia digital não consiste em um ramo separado da economia tradicional, mas é a própria economia tradicional[45] que sofreu um processo de digitalização da economia.[46]

A economia digital exerceu impacto em várias áreas, incluindo o comércio eletrônico, serviços financeiros, mídia e entretenimento, saúde, educação, transportes, turismo, entre outros setores. Ela também é impulsionada por novas tecnologias, como inteligência artificial, *blockchain*, internet das coisas, realidade virtual e aumentada, que oferecem novas possibilidades de negócios e transformam a economia global.

Esse mesmo documento apontou como características da economia digital: i) o comércio eletrônico, baseado em tecnologias digitais que facilitam a negociação de bens e serviços; ii) a negociação de bens ou serviços de informação; e, também, iii) a operação em camadas, com segmentos separados para transporte de dados e aplicativos.[47]

Daniel de Paiva Gomes *et al* ressaltam como características dessa nova economia a ausência de estabelecimento de laços físicos nos mercados consumidores e o desatrelamento entre a localização geográfica da empresa e da atividade que gerou renda, uma vez que sua atividade passa a ser desempenhada total ou quase que completamente no espaço virtual.[48]

---

44. ENGLISCH, Joachim. BEPS Action 1: digital economy – EU law implications. *British Tax Review*, 280-307, 2015. Disponível em: https://bit.ly/2Hem9qo. p. 280.
45. ROCHA, Sérgio André e CASTRO, Diana Rodrigues Prado de. Ação 1 do Projeto BEPS e as diretrizes gerais da OCDE. In: OLIVEIRA, Gustavo da Gama Vital de. *Tributação da economia digital*. Rio de Janeiro: Lumen Juris, 2019. p. 244.
46. FOSSATI, Gustavo; PAULA, Daniel Giotti. de. *Tributação da economia digital na esfera internacional*. Rio de Janeiro: FGV Rio, 2022. v. 4, p. 12.
47. ROCHA, ref. 45, p. 171-172.
48. GOMES, Daniel de Paiva; GOMES, Eduardo de Paiva; PRZEPIORKA, Michell; FERRARI, Bruna Camargo; BERGAMINI, Adolpho; BOSSA, Gisele Barra; CANEN, Dóris. Os desafios impostos pela

Essa marcante característica de mobilidade geográfica é tida por Joachim Englisch como sendo a mais proeminente da economia digital, uma vez que abarca seus fatores de produção, especialmente intangíveis, que muitas vezes são essenciais para a criação de valor; suas funções de negócios; e, frequentemente, seus produtos ou seus usuários. Tais características geraram, segundo o autor, um fator decisivo para que as empresas expandissem suas cadeias de valor e mercados globalmente e, ao mesmo tempo, centralizassem funções importantes de gerenciamento.

Outra característica visível da economia digital seria a confiança maciça em dados por parte dos usuários, o que permite um melhor controle dos processos de produção e rotinas de negócios, facilitando o comércio e reduzindo os custos de transação.

Arremata sua análise ressaltando que os efeitos de rede (*network effects*), entre outros, contribuíram muito para o surgimento de modelos de negócios multilaterais (como lojas de aplicativos ou mecanismos de pesquisa), e, muitas vezes, também envolvem a participação ativa dos consumidores no processo de criação de valor.

Assim, no contexto da economia digital, observa-se uma nova perspectiva acerca da territorialidade. Sendo desnecessária a presença física dos estabelecimentos comerciais nas distintas nações do mundo, é possível a transferência dos lucros dos serviços prestados e das compras realizadas para outros países, por meio de empresas estrangeiras sem estabelecimento físico no Brasil.

Bo Carlsson, por seu turno, refere-se à economia digital como sendo a Nova Economia, e destaca que se notabiliza pela dinâmica da geração de novas atividades, em contraposição à eficiência estática do aumento de produtividade característico da economia tradicional.[49]

Segundo Don Tapscott, a economia digital pode ser definida como um modelo econômico baseado na colaboração, na descentralização e na inovação, impulsionado pelas tecnologias da informação e comunicação.[50]

---

economia digital e o Plano de Ação 1 do projeto BEPS da OCDE. In: PISCITELI, Tatiane e BOSSA, Gisele Barra. *Tributação da nuvem*: conceitos tecnológicos, desafios internos e internacionais. São Paulo: Thompson Reuters Brasil, 2018. p. 45-46.

49. CARLSSON, Bo. The Digital Economy: what is new and what is not? *Structural Change and a Economic Dynamics*, v. 15, n. 3, Sept. 2004. DOI https://doi.org/10.1016/j.strueco.2004.02.001. Disponível em: https://www.sciencedirect.com/science/article/abs/pii/S0954349X04000165. Acesso em: 14 nov. 2023. p. 245-264.
50. TAPSCOTT, Don. *Economia digital*: promessa e perigo na era da inteligência em rede. São Paulo: Makron Books, 1997.

Tapscott argumenta que a economia digital é um sistema em que a informação flui livremente, permitindo que indivíduos, empresas e organizações se conectem e colaborem de maneiras que antes eram impossíveis. Ele destaca a importância das plataformas digitais, que permitem que as pessoas compartilhem recursos, habilidades e conhecimentos de forma descentralizada, criando oportunidades de negócios e gerando valor.

O autor também enfatiza a importância da confiança na economia digital, já que a colaboração e a inovação dependem da confiança entre as partes envolvidas. Ele argumenta que as tecnologias como *blockchain* e criptografia podem ajudar a construir a confiança na economia digital, ao criarem sistemas transparentes e seguros para as transações financeiras e comerciais.

Seus ensinamentos permitem diferenciar a nova economia da velha economia em 12 temas, dentre os quais se destacam: o compartilhamento do conhecimento, graças à tecnologia da informação; a digitalização de infraestrutura, que cria o que denomina "infoestrutura"; a virtualização do ambiente empresarial (fundo de comércio); a molecularização da estrutura empresarial; a integração das estruturas organizacionais por redes interligadas; a desintermediação, conectando diretamente proprietários e compradores; a convergência das atividades para a mídia digital; a inovação constante com o encurtamento do ciclo de vida dos produtos; o produ-consumo, pelo que o consumidor também é produtor de informações que retroalimenta a cadeia de produção;[51] o imediatismo entre decisões e ações; a globalização; e a discordância, profusora de novas discussões pelo surgimento de novos conflitos.[52]

Em uma tentativa de uniformização do conceito de economia digital, a Organização para a Cooperação e Desenvolvimento Econômico – OCDE – estabeleceu ter por características a utilização de ativos intangíveis, o uso massivo de dados pessoais, ou não, a utilização de modelos de negócios multilaterais, a geração de valor oriundos de produtos gratuitos e pela transnacionalidade.[53]

---

51. "A PwC salienta que os consumidores são mais disruptivos do que os concorrentes." PwC GLOBAL. *The disruptors: how five key factor can make or break your business*. Price Whaterhouse Coopers. Disponível em: http://www.pwc.com/gx/en/ceo-agenda/pulse/the-disruptors.html. Acesso em: 1º maio 2023.
52. TAPSCOTT, Don. *Economia digital*: promessa e perigo na era da inteligência em rede. São Paulo: Makron Books, 1997. p. 50-81.
53. "A economia digital caracteriza-se por basear-se como nenhuma outra nos ativos intangíveis, pelo uso massivo de dados (particularmente dados pessoais), pela utilização generalizada de modelos de negócios multilaterais, capturando valor das externalidades geradas por produtos gratuitos, e pela dificuldade em determinar a jurisdição na qual o valor é criado" (OECD, 2014, p. 12).

A respeito da geração de valor a partir de produtos gratuitos, é oportuno o conceito de Laurent Fournier de que economia digital é um ramo da economia que estuda o movimento de bens intangíveis[54] de custo marginal zero.[55]

Segundo o autor, o custo marginal zero advém da possibilidade de compartilhamento de bens intangíveis pela Internet, sem qualquer custo de replicação. Contrapõe-se ao máximo custo de produção de bens característico do mundo físico, contextualizado na época pré-industrial, e ao custo intermediário, característico da era industrial de produção de bens tangíveis, porém em série.[56]

A economia digital tem relação direta com a capacidade de realizar transações comerciais *on-line* com alcance global. Uma das principais características da economia digital é a facilidade com que as transações comerciais podem ser realizadas, que permite que os consumidores comprem produtos e serviços a qualquer hora e em qualquer lugar do mundo, usando seus dispositivos móveis ou computadores pessoais.

As plataformas digitais são a base da transacionalidade na economia digital, pois fornecem infraestrutura tecnológica e serviços de pagamento para que as transações possam ser realizadas de forma segura e eficiente. Essas plataformas são usadas por empresas de todos os setores, desde o varejo até os serviços financeiros, para oferecer seus produtos e serviços aos consumidores.

Além disso, a economia digital também é impulsionada por tecnologias inovadoras como *blockchain* e criptomoedas, que permitem transações financeiras diretas e seguras entre as partes envolvidas, sem a necessidade de intermediários tradicionais, como bancos e cartões de crédito.

A identificação de atividades típicas da economia digital, partindo da perspectiva tributária, permite agregar ao conceito uma melhor compreensão de sua extensão, imprescindível para a clara delimitação da atividade aqui tratada. Para tanto, recorre-se à Ação 1 do Projeto BEPS,[57] que identificou as atividades características da economia digital, classificando-as da seguinte forma:

---

54. "An Intangible Good (IG) is a virtual object having a significant value for a set of individuals, and a null margin cost.". FOURNIER, Laurent. Merchant sharing towards a zero marginal cost economy. *arXiv*, 7 Mayo 2014. DOI https://doi.org/10.48550/arXiv.1405.2051. Disponível em: https://arxiv.org/pdf/1405.2051.pdf. Acesso em: 14 nov. 2023. p. 1.
55. "O Custo Marginal (Cmg) corresponde ao acréscimo dos custos totais de produção quando se aumenta a quantidade produzida de determinado bem em uma unidade" NUNES, Paulo. Conceito de custo marginal. *Knoow.net – Enciclopédia temática*. Disponível em: https://knoow.net/cienceconempr/economia/custo-marginal/. Acesso em: 14 nov. 2023.
56. FOURNIER, Laurent. Merchant sharing towards a zero marginal cost economy. *arXiv*, 7 Mayo 2014. DOI https://doi.org/10.48550/arXiv.1405.2051. Disponível em: https://arxiv.org/pdf/1405.2051.pdf. Acesso em: 14 nov. 2023. p. 2.
57. "A Organização para a Cooperação e Desenvolvimento Econômico (OCDE), com a participação dos países do G20, criou em 2013 um Grupo de Trabalho que elaborou um Plano de Ação para evitar, de

- *Electronic commerce*
- *Business-to-business models (B2B)*
- *Business-to-consumer models (B2C)*
- *Consumer-to-consumer models (C2C)*
- *•Payment services*
- *Cash payment solutions*
- *E-wallets or cyber-wallets*
- *Mobile payment solutions*
- *App stores*
- *Online advertising*
- *Cloud computing*
- *High frequency trading*
- *Participative networked platforms*[58]

Economia Digital é, portanto, um termo de acepção ampla que sintetiza os conceitos da ciência da computação e economia, e descreve a transformação das empresas que exercem atividades econômicas tradicionais, vinculadas a um espaço físico e baseadas em produção, distribuição e comércio – por esse motivo chamadas de empresas B&M,[59] em empresas de comércio eletrônico, cujas atividades estão baseadas na digitalização da informação, que transita na Internet e na *World Wide Web*, gerando relações jurídicas cuja perenização caminha a passos largos para a utilização de *blockchain*.

A economia digital pode ser conceituada, para fins desta pesquisa, como um conjunto de atividades econômicas, marcadas pelo modelo de negócios multilateral, que utilizam a tecnologia da informação e comunicação (TIC) aplicada ao tratamento massivo de dados pessoais, ou não, para a produção, distribuição, venda e consumo de bens e serviços, predominantemente intangíveis e de custo

---

forma global e coordenada, estruturas societárias e empresariais que resultem no que se convencionou denominar de *Base Erosion and Profit Shifting* (BEPS) em operações transnacionais, envolvendo grupo de empresas. Trata-se de um pacote de medidas do BEPS tende a alterar a arquitetura tributária internacional de forma significativa, bem como o perfil de atuação das autoridades fiscais em dimensões globais, que provavelmente passarão a adotar um monitoramento muito mais incisivo sobre as empresas multinacionais" (PricewaterhouseCoopers Brasil, 2017).

58. OECD. *OECD/G20 Base Erosion and Profit Shifting Project*. DOI https://doi.org/10.1787/23132612. Disponível em: https://www.oecd-ilibrary.org/taxation/addressing-the-tax-challenges-of-the-digital-economy-action-1-2015-final-report_9789264241046-en. Acesso e: 15 nov. 2023.
59. Abreviatura do termo da língua inglesa: *brick and mortar*, que significa tijolo e argamassa.

marginal zero, que geram valor, independentemente da localização geográfica da empresa.

As referências na economia digital incluem empresas como a Amazon, Alphabet, Meta, Apple, Alibaba, Uber, Airbnb e muitas outras que surgiram a partir da adoção da Internet e das tecnologias digitais. Essas empresas são líderes em seus segmentos de mercado e estão transformando a maneira como os negócios são realizados em todo o mundo.

2
EMPRESAS TRANSNACIONAIS DE TECNOLOGIA DA INFORMAÇÃO

No sistema capitalista, as empresas desempenham um protagonismo indiscutível, sendo as principais agentes de produção, inovação e distribuição de bens e serviços. Com a globalização, esse protagonismo adquiriu uma nova dimensão: o caráter transnacional. Empresas que outrora operavam dentro das fronteiras de seus países de origem hoje estendem suas atividades por todo o globo, influenciando e sendo influenciadas por uma multiplicidade de culturas, economias e regulamentações.

Esta expansão transnacional não é meramente geográfica, mas também estrutural e estratégica. Corporações globais buscam otimizar suas operações, explorando vantagens competitivas oferecidas por diferentes regiões, como custos de mão de obra, incentivos fiscais e acessibilidade a mercados emergentes. Por meio de cadeias de suprimentos complexas, redes de distribuição e estratégias de localização de serviços, essas empresas são capazes de alcançar eficiência operacional e flexibilidade sem precedentes.

Na economia digital, o uso massivo de recursos tecnologia da informação aplicado ao tratamento de dados pessoais conferiu a um grupo de empresas transnacionais poder econômico superior a um grande número de Estados soberanos.

É curial, portanto, compreender suas características estruturais, bem como o papel do tratamento de dados pessoais no desempenho de suas atividades empresariais de modo a identificar os riscos associados ao direito de proteção de dados pessoais a demandar a regulação estatal.

2.1 DO PERFIL MULTINACIONAL AO TRANSNACIONAL

O conceito de empresa internacional ou multinacional tem sua origem atrelada à criação da Companhia das Índias Orientais, no ano de 1600, por meio de uma Carta de Privilégios da rainha Elizabeth que concedia o monopólio periodicamente renovável do comércio com as Índias Orientais a um grupo de

218 investidores, seus primeiros acionistas,[1] sendo esse o primeiro modelo de prestação de contas de uma empresa aos seus investidores.

Sediada na metrópole inglesa e operante nas diversas colônias globais, promoveu, ao longo de seus mais de duzentos anos de atividade, uma inversão do centro econômico mundial, deslocando-o do oriente, representados pela China e Índia, para a Europa, com a hegemonia inglesa.

A moderna concepção da empresa multinacional parte desse modelo de governança com a administração centralizada na matriz e a geração de riqueza descentralizada pelos demais países.

Foi David Eli Lilienthal que cunhou o termo "Corporação Multinacional", em 1960, definindo-o como sendo aquela empresa que tem a sede num país, mas opera e também se submete às leis dos outros países.[2]

Na definição proposta por Olo Olawole *et al*, trata-se de um aglomerado de empresas afiliadas, localizadas em diferentes países, que estão ligadas por meio de uma propriedade comum, recorrem a um conjunto comum de recursos e respondem a uma estratégia comum, resultando em alto grau de integração entre as diferentes unidades da empresa.[3]

O início do século XXI foi palco de diversos avanços tecnológicos e humanitários que proporcionaram a consolidação de um mercado global multilateral, com a própria transmudação da empresa multinacional para a empresa transnacional.

Marcelo Benacchio e Paulo Dias de Moura Ribeiro apontam a diminuição da mortalidade infantil, o êxito na cura de enfermidades, a produção de alimentos e o progresso das tecnologias da informação e comunicação como sendo os fatores que tornaram este século um bom momento para humanidade em comparação ao passado.[4]

---

1. REICHERT, Emannuel. A corporação que mudou o mundo: como a Companhia das Índias Orientais moldou a multinacional moderna. *Revista História: Debates e Tendências*, v. 13, n. 2, p. 405-408, 2013. DOI https://doi.org/10.5335/hdtv.13n.2.3351. Disponível em: https://seer.upf.br/index.php/rhdt/article/view/3351. Acesso em: 14 nov. 2023.
2. A expressão "corporação multinacional" é o termo usado em sua obra para se referir às empresas multinacionais (LILIENTHAL, 1960).
3. OJO, Olawole; AKINYOOLA, Moses; OLOMU, Babatunde. Multinational and transnational activities in the global economy: implications for socio-economic development in Nigeria. *Nigeria International Journal of Economics, Business anda Management Research*, v. 3, n. 7, 2019. Disponível em: https://ijebmr.com/uploads/pdf/archivepdf/2020/IJEBMR_412.pdf. Acesso em: 14 nov. 2014. p. 100.
4. BENACCHIO, Marcelo; MOURA RIBEIRO, Paulo Dias de. As empresas transnacionais e os Princípios Orientadores sobre empresas e direitos humanos da Organização das Nações Unidas. *Relações Internacionais no Mundo Atual*, Curitiba, v. 2, n. 35, p. 277-295, 2022. DOI http://dx.doi.org/10.21902/Revrima.v2i35.5894. Disponível em: https://revista.unicuritiba.edu.br/index.php/RIMA/article/view/5894. Acesso em: 14 nov. 2023. p. 278.

Tais fatores se inserem num mundo em crescente processo de globalização que, para o propósito do presente estudo, é entendida, segundo o conceito de David Held e Anthony McGrew, como o processo transformador da organização espacial das relações sociais, que gera, transcontinental ou inter-regionalmente, fluxos e redes.[5]

A globalização, que sob o aspecto econômico foi, até então, protagonizado pelas empresas multinacionais, foi intensificada com a queda do socialismo, como regime político-econômico, e a adoção do capitalismo como modelo mundial de organização social e econômica.

O abandono do modo de produção socialista clássico por grande parte das nações do mundo, que é caracterizado pela estatização da economia e o controle do mercado, redundou em uma retração do poder regulatório dos Estados soberanos.

Nesse contexto, José Eduardo Faria aponta que a globalização econômica está substituindo o poder político pelo poder de mercado, como instância privilegiada de regulação social. Destaca que a atuação das empresas transnacionais, em escala global, com a fragmentação das atividades produtivas em continentes, nações e regiões diversas, bem como a redução das sociedades a meros conjuntos de grupos e mercados unidos em rede, resultou no esvaziamento de parte dos instrumentos de controle dos atores nacionais, circunscritos a um ordenamento jurídico codificado e de alcance territorial limitado à extensão da própria nação.[6]

Esse novo cenário permitiu que empresas de atuação global ampliassem seu poder de imposição de regras próprias em um novo mercado de nível mundial não alcançado pela forte regulação Estatal, em um novo modelo de negócio, tendo como único vetor o lucro e como fatores limitantes apenas os recursos naturais e humanos do país de operação e suas, por vezes, débeis regulações.

O novo modo de produção capitalista passou a ser protagonizado por um novo ator, a empresa transnacional.

Benacchio e Moura Ribeiro destacam que a empresa global, não mais organizada como multinacional, que possui uma única sede, e que atua em diversos países a partir de uma gestão centralizada, passou a se organizar como uma em-

---

5. HELD, David; MCGREW, Anthony. *The global transformations reader*: introduction to the globalization debate. 2nd. ed. Cambridge, U.K.: Polity Press, 2003. p. 51-52.
6. FARIA, José Eduardo. Direitos humanos e globalização econômica: notas para uma discussão. *Estudos Avançados*, v. 11, n. 30, p. 43-53, 1997. Disponível em: https://www.revistas.usp.br/eav/article/view/8994. Acesso em: 8 out. 2023.

presa transnacional, que se caracteriza, neste novo contexto, como um sistema de atuação descentralizado a partir de complexas relações entre empresas situadas em diversos países.[7]

Rachel Vecchi Bonotti, referindo-se a Hirst e Thompson, destaca ainda que "as corporações verdadeiramente transnacionais não devem lealdade a nenhum estado-nação, independentemente da localização do mundo que estiverem sediadas, vislumbrando somente vantagem econômica conforme as exigências do mercado".[8]

Muito embora, ainda hoje, se admitam fatores distintivos entre empresas multinacionais e transnacionais, com tendência em favor desta última expressão, conforme ensina Celso Fiorillo, é consenso que o desenvolvimento de suas atividades econômicas, ao se submeterem às leis dos países em que atuam, é o fator de destaque para a correta análise jurídica no que se refere à atuação e à gestão de referidas companhias.[9]

Prossegue afirmando que:

> [...] consequentemente, o conceito jurídico de empresa transnacional está perfeitamente balizado no plano constitucional brasileiro, vez que, exatamente por se caracterizar como atividade econômica organizada que se realiza entre diferentes nações possuindo uma única sede, as empresas transnacionais, ao atuarem em nosso País buscando mercado consumidor, energia, matéria-prima e mão de obra, se submetem ao regramento jurídico que disciplina as atividades econômicas explicitamente estabelecidas em nossa Lei Maior.[10]

Paulo Sandroni revisita a origem do termo transnacional, e aponta que:

> [...] o processo teve início no final do século XIX, quando o capitalismo superou sua fase tipicamente concorrencial e evoluiu para a formação de monopólios, trustes e cartéis – fenômeno que acompanhou a hegemonia do capital financeiro no modo de produção capitalista e se tornou conhecido como imperialismo. Nesse novo processo de realização do capital, surge um mercado mundial de produção de bens, de serviços e de utilização de mão de obra,

---

7. BENACCHIO, Marcelo; MOURA RIBEIRO, Paulo Dias de. As empresas transnacionais e os Princípios Orientadores sobre empresas e direitos humanos da Organização das Nações Unidas. *Relações Internacionais no Mundo Atual*, Curitiba, v. 2, n. 35, p. 277-295, 2022. DOI http://dx.doi.org/10.21902/Revrima.v2i35.5894. Disponível em: https://revista.unicuritiba.edu.br/index.php/RIMA/article/view/5894. Acesso em: 14 nov. 2023. p. 279.
8. BONOTTI, Rachel Vecchi. A ética empresarial como instrumento de efetivação dos direitos sociais: o desafio diante à atuação das empresas transnacionais no mercado globalizado. 2022. 117 f. Dissertação (Mestrado em Direito) – Universidade Nove de Julho, UNINOVE, São Paulo, 2022. p. 39.
9. FIORILLO, Celso Antonio P. *Curso de direito ambiental brasileiro*. São Paulo: Saraiva, 2022. E-book. ISBN 9786555596748. Disponível em: https://integrada.minhabiblioteca.com.br/#/books/9786555596748/. Página 1.056. Acesso em: 29 abr. 2023.
10. FIORILLO, Celso Antonio Pacheco. As empresas transnacionais e sua regulação constitucional em face dos princípios gerais da atividade econômica. Rio de Janeiro: Lumen Juris, 2022. p. 275.

cujos resultados consistem no desenvolvimento do poderio econômico, político e militar das potências industriais: Estados Unidos, Canadá, Japão, Grã-Bretanha, França, Alemanha e outras nações europeias.[11]

Celso Fiorillo sintetiza os elementos constitutivos das empesas transnacionais, conceituando-as como

> [...] grandes corporações que atuam em diferentes países, ou seja, grandes empresas/organizações estruturadas no sentido de desenvolver atividade econômica com foco no lucro e organizadas para desenvolver suas operações entre diferentes nações, sendo certo que, apesar de atuarem em vários países, possuem uma única sede.[12]

Desataca-se do conceito a ênfase dada por Paul A. Samuelson quanto à motivação das transnacionais: "são motivadas pelo desejo de maximizar os lucros. Os lucros são as receitas líquidas, ou a diferença entre as receitas das vendas e os custos totais".[13]

A definição de empresas transnacionais apresentada no Relatório de Investimento Global da Conferência das Nações Unidas sobre Comércio e Desenvolvimento de 2005 pode ser considerada uma definição oficial que indica serem empresas constituídas ou não constituídas, que compreendem empresas-mãe e suas afiliadas estrangeiras. Uma empresa-mãe é definida como aquela que controla ativos de outras entidades em países diferentes do seu país de origem, geralmente por possuir uma certa participação no capital social.[14]

As empresas transnacionais sempre foram uma parte importante do cenário econômico global, mas, com o surgimento da economia digital, as características dessas empresas passaram a contemplar meios e recursos atrelados à tecnologia da informação como pilares estruturantes de sua formação, bem assim como passaram a expor as companhias a riscos muito peculiares a esse novo cenário.

A crescente conectividade entre países, proporcionada pela Internet, e a facilidade de acesso dos cidadãos às plataformas digitais permitiu que fossem

---

11. SANDRONI, Paulo. *Novíssimo Dicionário de Economia*. São Paulo: Best Seller, 1999. p. 415.
12. FIORILLO, Celso Antonio Pacheco. *As empresas transnacionais e sua regulação constitucional em face dos princípios gerais da atividade econômica*. Rio de Janeiro: Lumen Juris, 2022. p. 271-272.
13. SAMUELSON, Paul A. Economia. Porto Alegre: AMGH, 2012 apud FIORILLO, Celso Antonio Pacheco. *As empresas transnacionais e sua regulação constitucional em face dos princípios gerais da atividade econômica*. Rio de Janeiro: Lumen Juris, 2022. p. 261.
14. Tradução livre de: "Transnational corporations (TNCs) are incorporated or unincorporated enterprises comprising parent enterprises and their foreign affiliates. A parent enterprise is defined as an enterprise that controls assets of other entities in countries other than its home country, usually by owning a certain equity capital stake." UNCTAD – United Nations Conference on Trade and Development. World Investment Report 2005 – Transnational Corporations and the Internationalization of R&D. Methodological Notes: Definitions and Sources. Nova York e Genebra: United Nations, 2005.

transpostos, com ainda mais facilidade, os limites da territorialidade, interligando suas diversas sucursais e as demais empresas do segmento, para marcar presença em múltiplos países e regiões e, na outra ponta, permitir o alcance de consumidores em todo o mundo.

A proximidade entre as sucursais, e entre estas e o consumidor, impulsionada pelas plataformas digitais, proporciona a rápida adaptação de sua capacidade produtiva às demandas da nova economia digital, como o lançamento de novos produtos em tempo real, a implementação de ajustes com a mesma rapidez, a aptidão de lançar novos produtos e serviços a custo mínimo, testar novas ideias em mercados diferentes e rapidamente implementar as melhores práticas globalmente, sendo tais características o contorno da flexibilidade e da agilidade que as distinguem.

No âmbito das oportunidades oferecidas por essa nova realidade, a atuação das empresas transnacionais na economia digital trouxe ao mercado consumidor uma nova forma de atender às necessidades pessoais e locais pela adoção do modelo *consumer to business* (C2B), com a personalização de seus produtos e serviços para atender às demandas locais em diferentes países e regiões. Isso inclui o uso de dados pessoais para entender as preferências dos consumidores e a adaptação de suas estratégias de *marketing* para se conectar com os consumidores em diferentes países e culturas.

A gestão remota de suas operações, que sempre foi uma característica das empresas transnacionais e decorre da sua própria atuação global, foi potencializada após a pandemia da COVID-19,[15] e consiste na capacidade de gerenciar suas operações a partir do país sede, com a utilização de ferramentas de colaboração *on-line* e plataformas digitais para se comunicar com suas equipes em todo o mundo. Elas também usam tecnologias de automação para simplificar processos e reduzir custos.

A adoção de parcerias estratégicas com outras empresas, incluindo *startups*, fornecedores e outros parceiros, permite-lhes, enfim, aproveitar a tecnologia emergente e expandir seus negócios, sendo usadas para compartilhar conhecimento e recursos e melhorar a eficiência das operações.

O contexto da economia digital foi, portanto, o ambiente propício para que uma categoria distinta das demais passasse a exercer um papel de protagonismo na economia mundial.

---

15. Período considerado entre 11 de março de 2020 a 05 de maio de 2023, segundo a Organização Mundial de Saúde – OMS. Disponível em: https://www.paho.org/pt/noticias/5-5-2023-oms-declara-fim-da-emergencia-saude-publica-importancia-internacional-referente.

Na década de 2020, observa-se que as empresas economicamente mais poderosas, a despeito de estarem inseridas na economia digital, por utilizarem em sua atividade recursos de tecnologia da informação e da conectividade gerados pela Internet, não são mais aquelas ligadas à extração, refinamento e distribuição de derivados de petróleo,[16] mas as fornecedoras de produtos e serviços digitais. Daí decorre a referência de serem os dados pessoais o novo petróleo.[17]

Trata-se das empresas transnacionais de tecnologia da informação (ETTI), que se destacam dentre as transnacionais pelo fato de utilizarem dados pessoais como insumo primário de sua atividade e por possuírem, no tratamento desses dados pessoais, a força motriz para o fornecimento de produtos e serviços no ambiente digital, como comércio eletrônico, *marketing*, provimento de plataformas de redes sociais, criptomoedas e criptoativos, serviços e armazenamento em nuvem e lojas de aplicativos.

2.2 CONCEITO

O conceito de empresa transnacional de tecnologia da informação (ETTI) parte da premissa de que desenvolvem sua atividade econômica baseada no tratamento de dados pessoais para o fornecimento de ativos intangíveis em ambiente marcado pela utilização massiva dos meios de comunicação e das plataformas digitais, possuem foco no lucro e são organizadas para desenvolver suas operações em diferentes nações, possuem uma única sede, submetendo-se às leis de seu país de origem e das nações onde presta seus serviços ou fornece seus produtos.

É pertinente destacar outras características que diferenciam as empresas transnacionais de tecnologia da informação das demais empresas transnacionais.

As empresas desse segmento se diferenciam por ter a tecnologia da informação como núcleo de sua atividade e base de desenvolvimento de produtos e serviços, impulsionada pelo constante e massivo investimento em inovação.

A inovação é um elemento chave para o sucesso dessas empresas, que precisam estar na vanguarda em termos de desenvolvimento de novas tecnologias e soluções, para se manterem competitivas no mercado.

---

16. Conhecidas como as "Sete irmãs", Exxon, Mobil, Chevron, Texaco, Gulf Oil, British Petroleum e Royal Dutch Shell formaram um oligopólio na indústria do petróleo, nas décadas de 1940 a 1970. Disponível em: http://petropet.uff.br/as-sete-irmas-contextualizacao-de-sua-historia-e-cenario-atual/.
17. THE WORLD'S most valuable resource is no longer oil, but data. The Economist, London, 6 maio 2017. Disponível em: https://econ.st/37geKlQ.

As empresas transnacionais de tecnologia da informação têm, em sua cultura empresarial, o viés inovador, que valoriza a criatividade, a experimentação e a agilidade e, por atuarem no mercado global, costumam ser grandes em termos de tamanho e alcance, o que lhes permite investir em pesquisa e desenvolvimento e na expansão global.

A presença da tecnologia da informação não se limita ao gerenciamento da operação, mas consiste no meio de produção essencial de sua atividade, que resulta no desenvolvimento de produtos e serviços distribuídos e utilizados no ambiente digital, que consiste em ativo intangível, conforme anteriormente se definiu.

A utilização de dados pessoais como insumo de sua atividade é, no entanto, a característica que melhor define tais empresas na economia digital.

A coleta, tratamento e análise de grandes quantidades de dados de seus usuários, lhes permite personalizar e melhorar seus produtos e serviços e fornecer *insights* valiosos sobre seus clientes, ao passo que também lhes proporciona antever, e até mesmo influenciar, a escolha do consumidor.

O tratamento de dados pessoais de seus usuários é feito com o propósito ostensivo de promover a melhoria constante de produtos e serviços. Elas analisam os dados dos usuários para entender como eles estão, usando seus produtos e serviços e, assim, fazer ajustes e melhorias para atender às necessidades da demanda.

A operação de tratamento de dados proporciona, outrossim, a realização de constante e ininterrupta promoção de pesquisa de mercado, na medida em que são coletados e analisados em tempo real dados dos usuários sobre seus hábitos de consumo e preferências, o que permite à empresa obter informações valiosas sobre tendências de mercado e necessidades do consumidor, para impulsionar o desenvolvimento de novos produtos e serviços.

A geração de anúncios personalizados é a atividade que sobressai na atuação de duas das maiores empresas do setor, conforme se verifica no Relatório Anual da Lei de Câmbio de Valores Mobiliários.[18]

---

18. Trata-se do documento "Form 10-K – Annual Report Pursuant to Section 13 or 15(d) of the Securities Exchange Act of 1934" – Disponível em: https://forms.justia.com/official-federal-forms/securities-and-exchange-commission/form-10-k-annual-report-pursuant-to-sec-13-or-86914.html – entregue anualmente pelas empresas à Comissão de Segurança e câmbio dos Estados Unidos da América (UNITED STATES SECURITIES AND EXCHANGE COMMISSION. FORM 10-Q. ANNUAL REPORT PURSUANT TO SECTION 13 OR 15(d) OF THE SECURITIES EXCHANGE ACT OF 1934. *General Instructions*. Disponível em: https://forms.justia.com/official-federal-forms/securities-and-exchange-commission/form-10-k-annual-report-pursuant-to-sec-13-or-86914.html. Acesso em: 14 nov. 2023).

A Meta (proprietária do Facebook)[19] e a Alphabet (proprietária do Google)[20] declaram ao mercado de investidores que sua principal fonte de receita decorre da ação publicitária, que utiliza dados pessoais para segmentar anúncios para usuários com base em seu comportamento de navegação, histórico de compras e outras informações relevantes.

Os dados pessoais coletados pelas empresas transnacionais de tecnologia da informação são também utilizados para autenticação do cliente em seus sítios eletrônicos, aplicativos e serviços, bem como para provisão de segurança da informação.

À exceção deste último contexto de utilização, em que o dado pessoal é meio de acesso aos produtos e serviços comercializados, denota-se que a coleção de dados pessoais dos usuários, em escala mundial, consiste no principal ativo e no maior insumo de produção e inovação das empresas.

Oportunamente, será abordado que o aspecto regulatório, embora seja um pressuposto de atuação legítima das empresas transnacionais de tecnologia da informação na economia digital, é motivo de preocupação para os usuários, já que a privacidade e a segurança desses dados podem ser comprometidas. Essas empresas têm enfrentado críticas por práticas de privacidade duvidosas e escândalos que envolvem o vazamento ou o uso indevido de dados pessoais, o que levou a uma preocupação com a regulamentação e a regulação das plataformas em todo o mundo.

---

19. "The majority of our marketers use our self-service ad platform to launch and manage their advertising campaigns. We also have a global sales force that is focused on attracting and retaining advertisers and providing support to them throughout the stages of the marketing cycle from pre-purchase decision-making to real-time optimizations to post-campaign analytics. We work directly with these advertisers, as well as through advertising agencies and resellers" (UNITED STATES SECURITIES AND EXCHANGE COMMISSION. FORM 10-Q. ANNUAL REPORT PURSUANT TO SECTION 13 OR 15(d) OF THE SECURITIES EXCHANGE ACT OF 1934. Sales and Operations. For the fiscal year ended December 31, p. 7, 2022. Disponível em: https://www.sec.gov/Archives/edgar/data/1326801/000132680123000013/meta-20221231.htm#i6df229dad1864210a-b76200083e26819_19. Acesso em: 14 nov. 2023).

20. "We have built world-class advertising technologies for advertisers, agencies, and publishers to power their digital marketing businesses. Our advertising solutions help millions of companies grow their businesses through our wide range of products across devices and formats, and we aim to ensure positive user experiences by serving the right ads at the right time and by building deep partnerships with brands and agencies. Google Services generates revenues primarily by delivering both performance and brand advertising that appears on Google Search & other properties, YouTube, and Google Network partners' properties ("Google Network properties"). We continue to invest in both performance and brand advertising and seek to improve the measurability of advertising so advertisers understand the effectiveness of their campaigns.(UNITED STATES SECURITIES AND EXCHANGE COMMISSION. FORM 10-Q. ANNUAL REPORT PURSUANT TO SECTION 13 OR 15(d) OF THE SECURITIES EXCHANGE ACT OF 1934. *How we make money*. For the fiscal year ended December 31, p. 6, 2022 Disponível em: https://www.sec.gov/Archives/edgar/data/1652044/000165204423000016/goog-20221231.htm#ia96e4fb0476549c99dc3a2b2368f643f_16. Acesso em: 14 nov. 2023).

Os produtos e serviços ofertados por tais empresas têm por característica a possibilidade de operação em várias plataformas e sistemas operacionais, incluindo *desktops, laptops*, dispositivos móveis e outros.

Basta considerar que, independentemente do dispositivo de acesso aos produtos digitais, seja ele móvel ou não, que utiliza um sistema operacional Microsoft Windows, MacOS, ou qualquer das versões e compilações de Linux, todos os principais produtos e serviços das maiores empresas transnacionais de tecnologia da informação são perfeitamente utilizáveis.

Essa característica permite-lhes assumir uma postura agnóstica em relação à plataforma, preferência de *hardware* ou sistema operacional do usuário, tornando a usabilidade de seu produto ou serviço amplamente aceita e exponencialmente replicável em qualquer ambiente tecnológico.

O relacionamento entre a empresa e o consumidor, bem assim como a governança de dados, pessoais ou não, que transitam pelas plataformas digitais, são regidos por algoritmos cujo traço distintivo, e que tem chamado atenção das autoridades reguladoras, é a falta de transparência.[21]

Algoritmo é, por definição, uma sequência finita de instruções executadas por um programa de computador, com o objetivo de processar informações para um fim específico.[22]

A transparência algorítmica e a propriedade industrial são dois temas que, apesar de serem conceitualmente diversos, estão interligados na economia digital.

A transparência algorítmica se refere à necessidade de tornar públicos os algoritmos utilizados pelas empresas, para tomar decisões que afetam seus usuários. Na economia digital, muitas empresas utilizam algoritmos para per-

---

[21]. A transparência e explicabilidade algorítmicas são princípios para o uso responsável da inteligência artificial no Brasil constantes do PL nº 21/2020, de autoria do Deputado Federal Eduardo Bismark, previstos no artigo 6, IV, como sendo a: "garantia de transparência sobre o uso e funcionamento dos sistemas de inteligência artificial e de divulgação responsável do conhecimento de inteligência artificial, observados os segredos comercial e industrial, e conscientização das partes interessadas sobre suas interações com os sistemas, inclusive no local de trabalho;"(BRASIL. Câmara dos Deputados. *Projeto de lei nº 21, de 2020 (Do Sr. Eduardo Bismarck)*. Urgência – art. 155 RICD. estabelece princípios, direitos e deveres para o uso de inteligência artificial no Brasil, e dá outras providências. Disponível em: https://www.camara.leg.br/proposicoesWeb/prop_mostrarintegra?codteor=2039982. Acesso em: 14 nov. 2023).

[22]. Definição constante do Art. 3º, I da Resolução nº 332, de 21/08/2020, do Conselho Nacional de Justiça, que dispõe sobre a ética, a transparência e a governança na produção e no uso de Inteligência Artificial no Poder Judiciário e dá outras providências (CONSELHO NACIONAL DE JUSTIÇA. *Resolução nº 332, de 21/08/2020*. Dispõe sobre a ética, a transparência e a governança na produção e no uso de Inteligência Artificial no Poder Judiciário e dá outras providências. Disponível em: https://atos.cnj.jus.br/files/original191707202008255f4563b35f8e8.pdf. Acesso em: 14 nov. 2023).

sonalizar conteúdo e anúncios, recomendar produtos e serviços, definir preços, dentre outras finalidades.

Contudo, a falta de transparência sobre como esses algoritmos funcionam tem o potencial de gerar desconfiança e preocupação por parte dos usuários, na medida em que podem sugerir manipulação ou discriminação.

Por outro lado, a propriedade industrial se refere aos direitos de propriedade sobre produtos ou processos tecnológicos. Na economia digital, muitas empresas investem fortemente em pesquisa e desenvolvimento para criar produtos e serviços inovadores, e buscam proteger esses investimentos através da propriedade intelectual. Patentes, marcas registradas e direitos autorais são exemplos de instrumentos de proteção da propriedade industrial.

A relação entre transparência algorítmica e propriedade industrial se dá pelo fato de que, muitas vezes, as empresas consideram seus algoritmos como propriedade intelectual e, portanto, buscam protegê-los por meio de segredos comerciais e patentes. Porém, essa proteção pode gerar falta de transparência e tornar mais difícil para os usuários entenderem como as decisões são tomadas pelos algoritmos.

Para conciliar essas duas questões, defende-se a necessidade de balancear a proteção da propriedade intelectual com a transparência algorítmica. Algumas soluções propostas incluem a exigência de que empresas publiquem resumos dos algoritmos que utilizam, o que permite aos usuários entender como funcionam, sem precisar revelar todos os detalhes técnicos ou segredos comerciais. Outras sugestões incluem a criação de regulamentações mais rigorosas, para proteger a privacidade dos usuários e garantir que os algoritmos não sejam usados para discriminação ou outros fins prejudiciais.

2.3 PODER ECONÔMICO E REGULAÇÃO

No presente, cinco das seis empresas de maior valor de mercado no mundo são empresas transnacionais de tecnologia da informação.[23]

Conhecidas como The Big Five,[24] Apple, Microsoft, Alphabet (proprietária do Google), Amazon e Meta Platforms (anteriormente conhecida como Face-

---

23. Segundo o relatório Companies Market Cap, a Saudi Aramco, empresa nacional de petróleo e gás natural da Arábia Saudita ocupa o terceiro posto dentre as empresas mais valiosas do mundo, com valor de mercado equivalente a 2,111 trilhões de dólares e receita anual de 604,17 bilhões de dólares (LARGEST COMPANIES BY MARKET CAP. Disponível em: https://companiesmarketcap.com/. Acesso em: 08 set. 2023).
24. Além da alcunha de "Big Five", também são referidas pelo acrônimo MAAMA.

book) são, reconhecidamente, as cinco maiores empresas de tecnologia do mundo e desempenham uma ampla gama de atividades.

A Apple Inc. foi fundada por Steve Jobs, Steve Wozniak e Ronald Wayne em 1976, e é uma empresa de tecnologia sediada no estado da Califórnia, dos Estados Unidos da América, conhecida por seus produtos eletrônicos, como *iPhones, iPads, Macs* e *iPods*. A empresa também oferece serviços, como a App Store, Apple Music e iCloud, que permitem que os usuários armazenem e acessem seus dados em diferentes dispositivos. A Apple também investe em pesquisa e desenvolvimento de tecnologias emergentes, como inteligência artificial e realidade aumentada.

Seu faturamento anual em 2022 foi de 387,53 bilhões de dólares, tendo sido a primeira empresa a alcançar o valor de mercado acima de 3 trilhões de dólares em 2021,[25] e atualmente ostenta a marca de 2,610 trilhões de dólares.[26]

Sua receita advém, predominantemente, da venda de produtos eletrônicos, representada pelo *iPhone*; artigos vestíveis, casa e acessórios;[27] *iPad* e *iMac* (82,27%), e respondem esses serviços[28] por 17,73%.

Fundada por Bill Gates e Paul Allen, em 1975, a Microsoft é outra gigante da tecnologia, com valor de mercado de 2,127 trilhões de dólares e faturamento anual de 204,09 bilhões de dólares, sediada no estado de Washington, nos Estados Unidos da América, que oferece uma variedade de serviços, incluindo soluções baseadas em nuvem que fornecem aos clientes *software*, serviços, plataformas e conteúdo, e dão suporte a soluções e serviços de consultoria. Também disponibiliza publicidade *on-line* relevante para um público global e está investindo em tecnologias emergentes, como inteligência artificial e realidade aumentada.

Seus produtos incluem sistemas operacionais, aplicativos de produtividade e colaboração entre dispositivos, aplicativos de servidor, aplicativos de solução

---

25. BALU, Nivedita; RANDEWICH, Noel. Apple becomes first company to hit $3 trillion market value, then slips. *Reuters*, 04 Jan. 2022. Disponível em: https://www.reuters.com/markets/europe/apple-gets-closer-3-trillion-market-value-2022-01-03/. Acesso em: 14 nov. 2023.
26. Dados de mercado publicado pela Reuters em 22/04/2023, compilados no site https://companiesmarketcap.com/tech/largest-tech-companies-by-market-cap/, consultado em 23/04/2023. (LARGEST TECH COMPANIES BY MARKET CAP. Disponível em: https://companiesmarketcap.com/tech/largest-tech-companies-by-market-cap/. Acesso em: 23 abr. 2023).
27. "As vendas líquidas de vestíveis, casa e acessórios incluem vendas de *AirPods* ®, Apple TV ®, Apple *Watch* ®, produtos *Beats* ®, *HomePod mini* ® e acessórios." (tradução nossa) (UNITED STATES SECURITIES AND EXCHANGE COMMISSION. FORM 10-Q. *Notes to Condensed Consolidated Financial Statements (Unaudited)*. For the quarterly period ended December 31, 2022. p. 6. Disponível em: https://www.sec.gov/Archives/edgar/data/320193/000032019323000006/aapl-20221231.htm. Acesso em: 14 nov. 2023).
28. "As vendas líquidas de serviços incluem vendas de publicidade da empresa, AppleCare ®, nuvem, conteúdo digital, pagamento e outros serviços. As vendas líquidas de serviços também incluem a amortização do valor diferido de serviços agrupados no preço de venda de determinados produtos" (Ibidem, tradução nossa).

de negócios, ferramentas de gerenciamento de *desktop* e servidor, ferramentas de desenvolvimento de *software* e *videogames*. Também projetam e vendem dispositivos, incluindo PCs, *tablets*, consoles de jogos e entretenimento, outros dispositivos inteligentes e acessórios relacionados.[29]

A Alphabet Inc., cuja maior referência é sua principal subsidiária, o Google – que revolucionou o método de busca por conteúdo na Internet ainda na década de 1990 – é uma empresa de tecnologia que oferece uma ampla gama de serviços, incluindo pesquisa na web, publicidade *on-line*, armazenamento em nuvem, sistemas operacionais para dispositivos móveis e *desktops* e assistentes virtuais.

O Google LLC foi fundado por Larry Page e Sergey Brin, em 1998, com a missão declarada de "organizar a informação mundial e torná-la universalmente acessível e útil"[30] e, após sua oferta pública inicial (IPO) em 2004, foi transformada na principal subsidiária da Alphabet, em 2015.[31]

Está sediada no Vale do Silício, estado da Califórnia, nos Estados Unidos da América, e divide sua atividade entre o Google (Google Services e Google Cloud) e outras empresas. Seu valor de mercado é da ordem de 1,352 bilhões de dólares e sua receita de 282,83 bilhões de dólares, em 2022, está baseada na provisão de publicidade, produção e venda de *hardware* e assinaturas de seus serviços.[32]

Os principais produtos digitais e plataformas dos Serviços do Google incluem anúncios (*AdWords*), sob a modalidade de publicidade de desempenho e publicidade de marca,[33] que, devido à sua abrangência mundial, permitem que anunciantes, agências e editores potencializem seus negócios de *marketing* digital.

---

29. UNITED STATES SECURITIES AND EXCHANGE COMMISSION. FORM 10-Q. ANNUAL REPORT PURSUANT TO SECTION 13 OR 15(d) OF THE SECURITIES EXCHANGE ACT OF 1934. *What we offer*. For the fiscal year ended December 31, 2022, p. 3. Disponível em: https://www.sec.gov/Archives/edgar/data/789019/000156459022026876/msft-10k_20220630.htm#ITEM_1_BUSINESS. Acesso em: 14 nov. 2023.
30. GOOGLE INC. Google Corporate Information. *Sobre*. Disponível em: https://about.google/. Acesso em: 23 abr. 2023.
31. "A Alphabet é uma coleção de empresas – a maior delas é o Google. Reportamos o Google em dois segmentos, Google Services e Google Cloud; também relatamos todas as empresas que não são do Google coletivamente como outras apostas. A estrutura da Alphabet visa ajudar cada um de nossos negócios a prosperar por meio de líderes fortes e independência." (UNITED STATES SECURITIES AND EXCHANGE COMMISSION. FORM 10-Q. ANNUAL REPORT PURSUANT TO SECTION 13 OR 15(d) OF THE SECURITIES EXCHANGE ACT OF 1934. *Business. Overview*. For the fiscal year ended December 31, p. 4, 2022. Disponível em: https://www.sec.gov/Archives/edgar/data/1652044/000165204423000016/goog-20221231.htm#ia96e4fb0476549c99dc3a2b2368f643f_16. Acesso em: 14 nov. 2023).
32. UNITED STATES SECURITIES AND EXCHANGE COMMISSION, Ibidem.
33. "A publicidade de desempenho cria e fornece anúncios relevantes nos quais os usuários clicarão, levando ao envolvimento direto com os anunciantes. A publicidade de desempenho permite que nossos anunciantes se conectem com os usuários enquanto geram resultados mensuráveis. Nossas ferramentas de anúncios permitem que os anunciantes de desempenho criem anúncios simples baseados em

Outros serviços do Google são o sistema operacional móvel Android, o navegador Chrome, o sistema de mensageria Gmail, o armazenamento em nuvem Google Drive, e os serviços Google Maps, Google Fotos, Google Play, Pesquisa e YouTube.

Sua última geração de produtos de *hardware* contempla os vestíveis Fitbit, produtos domésticos Google Nest e dispositivos Pixel.

Os serviços por assinatura do Google Cloud desdobram-se em Google Cloud Platform – que fornece infraestrutura de armazenamento em nuvem provida de segurança cibernética, análise de dados, inteligência artificial e aprendizado de máquina – e Google Workspace – que inclui aplicativos de produtividade e ferramentas de colaboração e comunicação seguras (Gmail, Agenda, Drive, Docs, Planilhas, Apresentações, Grupos, Notícias, dentre outros).

Cabe destacar que 79,37% da receita anual do plexo de serviços e produtos oferecidos ao mercado pela Alphabet advém da publicidade e do *marketing* digital, enquanto 10,27% de assinaturas de seus serviços, 9,29% do serviço de nuvem e 0,37% de outras apostas (*other bets*) em segmentos correlatos.

A Amazon Inc. foi fundada por Jeff Bezos, em 1994, e mantém sua sede em Seattle, no estado de Washington, nos Estados Unidos da América. Possui valor de mercado de 1,080 trilhões de dólares e ostenta um faturamento anual de 513,98 bilhões de dólares.[34]

É uma empresa de comércio eletrônico que oferece uma ampla gama de produtos, incluindo livros, eletrônicos, roupas, alimentos, entre outros. A empresa também possui serviços de *streaming* de vídeo e música, armazenamento em nuvem, assistente virtual (Alexa), entre outros. Além disso, a Amazon investe em tecnologias emergentes, como inteligência artificial e *drones* para entrega de produtos.[35]

Suas operações são organizadas em três segmentos: América do Norte, Internacional e Amazon Web Services (AWS). Atendem seus consumidores por

---

texto." "A publicidade da marca ajuda a aumentar a conscientização e a afinidade dos usuários com os produtos e serviços dos anunciantes, por meio de vídeos, texto, imagens e outros anúncios interativos executados em vários dispositivos. Ajudamos os anunciantes de marcas a fornecer vídeos digitais e outros tipos de anúncios para públicos específicos para suas campanhas de marketing de construção de marca" (Ibidem, tradução nossa).

34. LARGEST TECH COMPANIES BY MARKET CAP. Disponível em: https://companiesmarketcap.com/tech/largest-tech-companies-by-market-cap/. Acesso em: 23 abr. 2023.
35. UNITED STATES SECURITIES AND EXCHANGE COMMISSION. FORM 10-Q. ANNUAL REPORT PURSUANT TO SECTION 13 OR 15(d) OF THE SECURITIES EXCHANGE ACT OF 1934. *Business*. Overview. For the fiscal year ended December 31, p. 4, 2022. Disponível em: https://www.sec.gov/Archives/edgar/data/1652044/000165204423000016/goog-20221231.htm#ia96e4fb0476549c-99dc3a2b2368f643f_16. Acesso em: 14 nov. 2023.

lojas físicas, mas, sobretudo, *on-line*, por meio de portais eletrônicos, aplicativos móveis, assistente virtual Alexa, dispositivos e *streaming*.

Fabricam e vendem dispositivos eletrônicos, incluindo Kindle, *tablet* Fire, Fire TV, Echo, Ring e Blink e atuam no desenvolvimento e na produção de conteúdo multimídia.

A Meta Platforms Inc. é uma empresa que oferece uma variedade de serviços, incluindo redes sociais, aplicativos de mensagens, realidade virtual e aumentada, além de serviços de publicidade *on-line*. Tem a missão declarada de dar às pessoas poder de construir comunidades e aproximar o mundo e, por seus produtos, ajudar a dar vida ao metaverso.[36]

Nascida com o nome de sua principal plataforma, o Facebook, a Meta foi lançada por Mark Zuckerberg, em 2004, para conectar os estudantes de Harvard por intermédio de uma plataforma digital que replicasse os anuários estudantis, com fotografia e nomes dos integrantes de cada turma. O Facebook foi um sucesso instantâneo e após 2 anos de existência tornou-se aberto ao público.

Em 2021, em meio a questionamentos do Senado Norte Americano que sucederam o escândalo que envolveu o compartilhamento de dados pessoais de 87 milhões de seus usuários, sem sua expressa ciência, e a utilização de algoritmos de análise para influenciar as eleições norte-americanas de 2016,[37] modificou seu nome empresarial, para buscar redirecionar a percepção do público acerca de sua atividade para o metaverso.

A empresa, sediada na Califórnia, nos Estados Unidos da América, tem valor de mercado de 616,5 bilhões de dólares e possui faturamento anual de 117,34 bilhões de dólares.[38]

Os principais produtos da família de aplicativos são utilizados em larga escala por todo aquele que possui acesso à Internet, como o Facebook, Instagram, Messenger e Whatsapp.[39]

---

36. Metaverso é o termo que indica um tipo de mundo virtual que tenta replicar/simular a realidade através de dispositivos digitais. É um espaço coletivo e virtual compartilhado, constituído pela soma de "realidade virtual", "realidade aumentada" e "Internet (KAPLAN, Andreas; HAENLEIN, Michael. The fairyland of Second Life: Virtual social worlds and how to use them". *Business Horizons*, v. 52, n. 6, p. 563-572, Nov./Dec. 2009. Disponível em: https://www.sciencedirect.com/science/article/abs/pii/S0007681309000895. Acesso em: 14 nov. 2023).
37. Sobre o escândalo de dados Facebook-Cambridge Analytica, vide: https://pt.wikipedia.org/wiki/Esc%C3%A2ndalo_de_dados_Facebook%E2%80%93Cambridge_Analytica.
38. REVENUE FOR META PLATFORMS (FACEBOOK) (META). Disponível em: https://companiesmarketcap.com/meta-platforms/revenue/. Acesso em: 14 nov. 2023.
39. Detalhamento dos aplicativos em UNITED STATES SECURITIES AND EXCHANGE COMMISSION. FORM 10-Q. ANNUAL REPORT PURSUANT TO SECTION 13 OR 15(d) OF THE SECURITIES EXCHANGE ACT OF 1934. *Family of Apps Products*. For the fiscal year ended December 31, p. 7,

Dividem o negócio em dois segmentos: Family of Apps (FoA) e Reality Labs (RL), embora reconheçam que a geração substancial de toda a receita advém da venda de canais de publicidade na família de aplicativos (FoA) para profissionais de *marketing*. Os anúncios podem aparecer em vários lugares, incluindo Facebook, Instagram, Messenger e aplicativos e *sites* de terceiros. O segmento de laboratórios de realidade (RL) busca desenvolver o metaverso e gera receita com as vendas de produtos de *hardware, software* e conteúdo de consumo.

Em termos de valores absolutos, observa-se que a soma da renda anual das dessas cinco empresas de tecnologia[40] equivalem ao 15º maior Produto Interno Bruto (PIB) dentre os estados soberanos, ficando à frente de países como México e Espanha.[41]

Por outro lado, se tomado por comparativo a somatória do valor de mercado dessas empresas,[42] a expressão econômica seria comparável ao 3º maior PIB do mundo, superado apenas pelo dos Estados Unidos da América e da China.

Tais indicadores estão a demonstrar que a robustez financeira das empresas transnacionais de tecnologia da informação lhes confere poder econômico equivalente a nações soberanas de primeira ordem.

A proeminência econômica dessas empresas, agregada à distribuição global de suas operações pelos meios digitais, faz prescindir da alocação de pessoas e bens em solo soberano, e, com isso, lhes permite, em tese, impor às nações, e a seus respectivos ordenamentos jurídicos, condições comerciais baseadas em cláusulas contratuais unilateralmente estabelecidas, porém em franco desafio às normas locais e, por vezes, a direitos humanos, cuja observância é universal.

Esse perfil empresarial fluido é utilizado, quando em confronto com autoridades locais dos poderes de estado, como forma de negar a própria presença oficial naquele país e, com isso, pretender se subtrair à cogência das normas internas.

O confronto entre o poder de fato ostentado por tais empresas, fundado em seu lastro econômico e em cláusulas contratuais que as vinculam diretamente aos consumidores, e o poder nacional soberano, instituído constitucionalmente para proteger direitos e garantias fundamentais de seus cidadãos, redunda na

---

2022. Disponível em: https://www.sec.gov/Archives/edgar/data/1326801/000132680123000013/meta-20221231.htm. Acesso em: 15 nov. 2023.

40. A somatória do faturamento anual das *Big Five* no ano de 2022, equivale a 1,505 bilhões de dólares.
41. Dados compilados referentes ao ano 2022 (data de corte em outubro de 2022) disponíveis em: https://pt.wikipedia.org/wiki/ Lista_de_pa%C3%ADses_por_PIB_nominal#cite_note-GDP_IMF-2 (WIKIPÉDIA, A ENCICLOPÉDIA LIVRE. Lista de países por PIB nominal. Disponível em: https://pt.wikipedia.org/wiki/Lista_de_pa%C3%ADses_por_PIB_nominal#cite_note-GDP_IMF-2. Acesso em: 14 nov. 2023).
42. A somatória dos valores de mercado equivale a 7,786 trilhões de dólares.

necessidade de contenção do poder das empresas transnacionais de tecnologia da informação, que beira a pura potestade, numa tentativa de impor a soberania sem isolar a nação do cenário econômico global.

A contenção de poder dessas empresas não seria eficaz, se proviesse unicamente da imposição de barreiras econômicas, como a extrafiscalidade, ou somente por barreiras legais, pois, dada a própria natureza dos produtos e serviços prestados, de natureza digital e acessíveis pela Internet, que desconhece limites territoriais, poderiam ser acessados com emprego de ferramentas tecnológicas que sublimariam a questão topográfica, o que frustraria a limitação legal.[43]

A regulação da atividade econômica das empresas transnacionais de tecnologia da informação, no contexto da economia digital, demanda normas de conformidade compatíveis com o caráter universal da atividade e com os bens jurídicos em disputa, bem assim como de uma autoridade com poder supranacional de harmonizar a soberania dos países com a nova ordem econômica.

2.4 ANÁLISE DO NEGÓCIO A PARTIR DA MATRIZ SWOT

Uma vez identificadas as empresas transnacionais de tecnologia de acordo com a informação de maior expressão econômica e que prestam serviços digitais à maior parte da população mundial, cabe identificar, para fins metodológicos, quais são suas potencialidades, fraquezas, oportunidades de mercado a que visam e riscos inerentes à sua atividade.

Para essa finalidade, utiliza-se a análise SWOT (*Strenghs, Weaknesses Opportunities and Threats*),[44] que consiste em uma ferramenta de planejamento estratégico, *marketing* e gerenciamento de projetos que fornece uma visão geral de um negócio. É possível identificar pontos fortes e fracos da empresa em questão, bem como situações de risco e oportunidades de mercado, para especificar os objetivos de riscos do negócio ou projeto, e identificar os fatores internos e externos que são favoráveis e desfavoráveis para alcançar esses objetivos.

A análise SWOT é dividida em duas partes: ambiente interno e ambiente externo. O ambiente interno inclui as forças e fraquezas da empresa. As forças são as vantagens internas da empresa em relação às concorrentes, como qualidade do produto oferecido, bom serviço prestado ao cliente e solidez financeira. As

---

43. Refere-se à utilização de ferramentas como a *Virtual Private Network* (VPN), pela qual é possível criptografar os dados da origem do acesso à aplicação, fazendo-a assumir ser proveniente de outro local onde não houvesse impedimento legal.
44. Seu acrônimo em língua portuguesa corresponde a FOFA (Forças, Oportunidades, Fraquezas e Ameaças), que resulta na expressão "análise FOFA".

fraquezas são as desvantagens internas da empresa em relação às concorrentes, como altos custos de produção, imagem e marca inadequadas e, por exemplo, instalações desadequadas.

O ambiente externo inclui as oportunidades e ameaças. As oportunidades são aspectos externos positivos que podem potencializar a vantagem competitiva da empresa, como mudanças nos interesses dos clientes ou dificuldades financeiras de empresa concorrente. As ameaças são aspectos externos negativos que podem pôr em risco a vantagem competitiva da empresa, como novos competidores ou perda de colaboradores fundamentais.

Segundo Idalberto Chiavenato,[45] o objetivo da matriz é cruzar oportunidades e ameaças, dentro do ambiente externo das organizações, e fornecer um panorama dos pontos fortes e fracos da empresa, posicionando-a nesse contexto.

Embora seja comumente utilizada como um indicador para demostrar a situação organizacional para direcionar ações de melhorias, para o propósito desta pesquisa, será a ferramenta utilizada para identificar as oportunidades intencionadas na prestação de serviços no Brasil, que trará uma visão dos motivos da internalização do serviço em solo nacional; os riscos envolvidos nessa atividade que apontarão os aspectos que mais preocupam as empresas na realização plena do lucro; bem como as fraquezas e forças, que mostrarão as dificuldades e potencialidades que o negócio desempenhado possui, de modo a identificar as características da pessoa jurídica regulada e submetida à soberania estatal pelo Estado-Juiz.

O objetivo dessa análise aplicada à presente pesquisa consiste em identificar onde a atuação do Poder Judiciário pode efetivamente sensibilizar a corporação a modificar sua forma de atuação, em prol do respeito à proteção de dados pessoais.

2.4.1 Forças (*strenghs*)

Dentre os aspectos já tratados, destaca-se o custo marginal zero dos produtos e serviços ofertados pelas *big techs*, que induzem sua ampla aceitação no mercado consumidor por fornecerem uma funcionalidade útil à rotina diária pessoal e profissional das pessoas, sem que o exponencial aumento diário de usuários que utilizam o serviço corresponda a um incremento aritmético no custo de produção.

A opacidade do modelo de negócios, que consiste na utilização dos dados pessoais do usuário, do monitoramento de seu perfil de consumo, de seus hábitos diários e de utilização da ferramenta, com vistas a abordá-lo com ações de

---
45. CHIAVENATO, Idalberto. *Introdução à teoria geral da administração*. Rio de Janeiro: Elsevier, 2003. p. 470.

marketing, já foi algo que permitiu uma rápida e abrangente penetração dos serviços digitais no cotidiano de pessoas e empresas sem que, sobretudo as pessoas naturais, se dessem conta de como pagavam pelo serviço tido, equivocadamente, por gratuito.

Atualmente, é a opacidade algorítmica que permite às grandes empresas de tecnologia expandirem seus negócios por meio da análise massiva de dados por ferramentas de inteligência artificial aliadas à estatística, subsidiando o rentável mercado de *marketing* digital para o oferecimento de publicidade personalizada, utilizando os mesmos *insights* do item anterior, manipulando-os pelo algoritmo, que funciona segundo regras dotadas de nenhuma transparência ao destinatário, ou clareza quanto aos vieses e preceitos discriminatórios que o orientam. Trata-se aqui da questão da assimetria informacional entre a empresa prestadora de serviços digitais e o usuário, consumidor e titular dos dados pessoais coletados e tratados.

O poder econômico advindo da crescente lucratividade das empresas de tecnologia resulta num posicionamento avesso às normas regulatórias e à atuação dos órgãos reguladores e do Poder Judiciário, nas demandas indenizatórias e cominatórias que são aforadas, nos diversos países onde distribui seus produtos e serviços.

Esta assimetria de poder econômico desequilibra a paridade de armas que os contendores das empresas perante a Justiça possuem, uma vez que demandas de qualquer valor, e que poderiam ser solucionadas administrativamente, sem a intervenção do notoriamente assoberbado e moroso Poder Judiciário, são levadas às últimas instâncias mediante a utilização de todos os possíveis recursos judiciais para extenuar o adversário, na certeza de que, ao final do processo, eventual resultado adverso, do ponto de vista financeiro, será pífio e, de danos à imagem, praticamente inexistente.

A força econômica advinda dos lucros de sua atividade provê subsídios para intenso investimento não apenas em publicidade aos seus parceiros comerciais, mas em *marketing* impulsionador da marca da empresa, que resulta em assimetria negocial entre as mesmas partes. A credibilidade, simpatia e engajamento do indivíduo, granjeados com intensa ação mercadológica de *marketing*, dá às empresas transnacionais de tecnologia da informação poder negocial sem precedentes, inclusive no que diz respeito aos reflexos no íntimo do julgador em contendas judiciais que passam ao largo da questão jurídica, espraiando a discussão para o eixo emotivo da utilidade do serviço prestado.[46]

---

46. Faz-se expressa referência ao primeiro episódio de suspensão dos serviços do Whatsapp, pela Justiça de primeiro grau, no ano de 2015, quando a decisão do magistrado de primeiro grau que determinou

2.4.2 Fraquezas (*weaknesses*)

Fraquezas, no contexto da metodologia proposta, são aspectos internos à empresa ou intrínsecos à atividade que podem influenciar negativamente no desempenho de sua operação.

Poucas são as fraquezas passíveis de elenco quando se está a tratar de empresa transnacional de tecnologia da informação de grande porte, tendo em vista ostentar grande poder econômico, informacional e negocial.

A barreira da língua podia ser vista, no passado, como um empecilho ao pleno desempenho da atividade empresarial em solo brasileiro. Porém, o modelo de transnacionalidade na economia digital resulta na expansão das sucursais da empresa-mãe nos diversos países de atuação, com a contratação de mão de obra local, com amplo conhecimento da língua, usos e costumes locais, para a aclimatação da empresa e dos produtos e serviços ofertados.

A dificuldade de adaptação do modelo de governança da matriz às peculiaridades de cada um dos países de atuação, decorrente do choque cultural, é fator que torna a inserção de seus métodos e procedimentos um ponto de atenção à matriz gerenciadora.

2.4.3 Oportunidades (*opportunities*)

Neste quadrante da matriz SWOT, é possível identificar, de maneira objetiva, os motivos pelos quais as empresas transnacionais de tecnologia da informação decidem por atuar em determinado país, e em outro não.

As oportunidades podem ser divididas, para melhor compreensão, em três aspectos distintos.

O aspecto humano abrange tanto a mão de obra quanto o mercado consumidor existentes no país de atuação da sucursal. Partindo dos elementos comuns a toda e qualquer empresa transnacional, a persecução do lucro se vê estimulada pela perspectiva de utilização de mão de obra de baixo custo no mesmo local em que há um mercado consumidor relevante.

O baixo custo da mão de obra, muitas vezes correspondentes à baixa qualificação dos colaboradores, aliado a um fraco sistema jurídico de proteção dos

---

a suspensão dos serviços de mensageria foi cassada pelo segundo grau, sob o fundamento de se tratar de serviço de relevante valor social, e que a decisão fora desproporcional e que as empesas telefônicas e seus usuários não deveriam ser penalizados por uma decisão judicial. (SANTIAGO, Pedro. Desembargador do PI derruba decisão que mandava tirar WhatsApp do ar. *G1,* Piauí, 26 fev. 2015. Disponível em: https://g1.globo.com/pi/piaui/noticia/2015/02/desembargador-do-pi-derruba-decisao-que-mandava-tirar-whatsapp-do-ar.html. Acesso em: 14 nov. 2023).

direitos trabalhistas, resulta em margem positiva na lucratividade da produção decorrente da extração da força de trabalho.

O mercado consumidor dos produtos digitais está diretamente atrelado à parcela populacional que possui acesso à Internet. Segundo dados do Centro Regional de Estudos para o Desenvolvimento da Sociedade da Informação (Cetic.br),[47] ligado ao Comitê Gestor da Internet do Brasil (CGI.br) no ano de 2021, 81% da população brasileira de 10 anos ou mais era usuária de Internet, o que representa cerca de 148 milhões de indivíduos,[48] que corresponde ao mercado consumidor potencial. Tal cifra corresponde à quantidade de cidadãos de um país do tamanho da Rússia.[49]

O segundo aspecto a ser considerado diz respeito aos recursos de produção, assim considerados os custos de manutenção de um ponto de representação físico no país e o insumo para a prestação do serviço ou produto.

Já que as cinco maiores empresas de tecnologia estão sediadas nos Estados Unidos da América e, para fins comparativos, como atualmente a taxa de câmbio se mostra amplamente favorável à moeda americana,[50] a aquisição de prédios, veículos e demais elementos que compõem o estabelecimento comercial é extremamente barata.

Por outro lado, o custo de aquisição de bancos de dados pessoais, provenientes de entes públicos ou empresas privadas, que consistem no principal insumo da atividade de *marketing* digital e do desenvolvimento e aperfeiçoamento de produtos e serviços digitais, é igualmente baixo.

Isso decorre da baixa percepção de valor dos próprios dados que cada indivíduo possui, seja em decorrência da limitação intelectual e cultural a que grande

---

47. O Centro Regional de Estudos para o Desenvolvimento da Sociedade da Informação (Cetic.br) tem a missão de monitorar a adoção das tecnologias de informação e comunicação (TIC) no Brasil. Criado em 2005, o Cetic.br é um departamento do Núcleo de Informação e Coordenação do Ponto BR (NIC.br), ligado ao Comitê Gestor da Internet do Brasil (CGI.br). (CENTRO REGIONAL DE ESTUDOS PARA O DESENVOLVIMENTO DA SOCIEDADE DA INFORMAÇÃO – CETIC.BR. *Resumo Executivo*: pesquisa sobre o uso das Tecnologias de Informação e Comunicação nos domicílios brasileiros – TIC Domicílios 2021. São Paulo: CETIC.BR|NIC.BR, 21 nov. 2022. Disponível em: https://cetic.br/pt/publicacao/resumo-executivo-pesquisa-sobre-o-uso-das-tecnologias-de-informacao-e-comunicacao-nos-domicilios-brasileiros-tic-domicilios-2021/. Acesso em: 14 nov. 2023).
48. CETIC.br. Resumo Executivo – Pesquisa sobre o uso das Tecnologias de Informação e Comunicação nos domicílios brasileiros – TIC Domicílios 2021. Ibidem, 2022.
49. Dados obtidos junto ao *site* da Organização das Nações Unidas – ONU, pesquisando a população total dos países no ano de 2021. (UNITED NATIONS. Data Portal Population Division. *UN Population Division Data Portal*: interactive access to global demographic indicators. Disponível em: https://population.un.org/dataportal/data/indicators%20/49/locations/643/start/2021/end/2023/table/pivotbylocation. Acesso em: 14 nov. 2023).
50. Na data de 28.04.2023, 1 dólar americano equivalia a 5,0001 reais para a compra e 5,0007 para venda. Fonte: https://www.bcb.gov.br/.

parcela dos usuários de Internet está sujeita, fruto da baixa escolarização média do brasileiro que compõe a população economicamente ativa (PEA),[51] como da própria impossibilidade deste em impor precificação às empresas de tecnologia, em decorrência da assimetria econômica, negocial e informacional existente.

Por fim, a tibieza regulatória estatal é, talvez, o elemento de maior incentivo de atuação de grandes empresas de tecnologia em países do sul do globo. Este aspecto é representado pela existência de regras protetivas lacunosas, dúbias ou inofensivas e, por outro lado, pela atuação tímida do Poder Público, por intermédio dos três poderes ou pelas agências reguladoras.

Este último aspecto é de fundamental importância para demonstrar que a atenção a esta questão é uma possível solução para a assimetria de poder que malfere o direito humano e fundamental à proteção de dados pessoais.

2.4.4 Riscos (*risks*)

As empresas transnacionais na economia digital enfrentam uma série de desafios únicos, devido à natureza global e em constante mudança do mercado digital.

O de maior recorrência nos relatórios anuais fornecidos à *United States Securities And Exchange Commission*[52] é a de sofrer danos financeiros e de imagem, devido ao cerceamento ao seu modelo de negócios pela regulamentação diversa em cada país de atuação.

Cada país tem suas próprias leis e regulamentações em relação à privacidade de dados, segurança cibernética, direitos autorais e outras questões relacionadas à tecnologia. As empresas precisam lidar com uma ampla gama de regulamentações, além daquela existente em seu país de origem, e manter-se atualizadas com as mudanças que podem afetar suas operações.

A Amazon, por exemplo, reporta como principais riscos de sua atividade a "regulamentação governamental (como regulamentação de nossas ofertas de produtos e serviços e da concorrência); ações governamentais restritivas (como medidas de proteção comercial, incluindo taxas e cotas de exportação e taxas e

---

51. Segundo dados do Instituto Brasileiro de Geografia e Estatística (IBGE), o nível de instrução das pessoas com 25 anos de idade ou mais, no Brasil, no ano de 2019, distribuía-se da seguinte forma: 6,4% sem instrução; 32,2% com Ensino Fundamental incompleto; 8,0% com Ensino Fundamental completo; 4,5% com Ensino Médio incompleto; 27,4% com Ensino Médio completo; 4,0% com Ensino Superior incompleto; e 17,4% com Ensino Superior completo. (INSTITUTO BRASILEIRO DE GEOGRAFIA E ESTATÍSTICA (IBGE). Conheça o Brasil – População. *Educação*. https://educa.ibge.gov.br/jovens/%20 conheca-o-brasil/populacao/18317-educacao.html#:~:text=Tamb%C3%A9m%20em%202019%20 %2C%2046%2C6,4%25%2C%20o%20superior%20completo. Acesso em: 14 nov. 2023).
52. Órgão equivalente à Comissão de Valores Mobiliários – CVM, no Brasil.

tarifas alfandegárias); nacionalização; e restrições à propriedade estrangeira" (tradução nossa).[53]

A concorrência entre as empresas de tecnologia na economia digital é intensa, com muitas empresas emergentes e novas entrantes no mercado. A ciência de que novas empresas podem surgir com produtos e serviços disruptivos, bem assim como antigas competidoras podem inovar, e voltar ao cenário concorrencial, as empresas transnacionais precisam estar preparadas para enfrentar essa concorrência, investindo em inovação, pesquisa e desenvolvimento de novas tecnologias.

A segurança cibernética é uma grande preocupação para as empresas transnacionais. Com a quantidade de informações[54] armazenadas em servidores em nuvem e outras plataformas digitais, há um risco significativo de violações de segurança e vazamento de dados. As empresas investem significativamente na implementação de medidas de segurança robustas para proteger os dados e a privacidade dos usuários.

A diversidade cultural entre o país sede das operações e os de efetivo desempenho das atividades de produção, desenvolvimento e distribuição já foi mapeada como fraqueza, no quadrante apropriado desta metodologia. Porém, seu aspecto externo consiste na necessidade de lidar com questões de diversidade cultural e localização, para a adequação de seus produtos e serviços, com vistas a transpor a realidade de que aquilo que funciona em um país pode não funcionar em outro.

A constante busca por inovação é característico de um ambiente empresarial dinâmico e competitivo como o que se insere em nosso objeto de análise. Isso significa que elas precisam ser ágeis e capazes de desenvolver e lançar novos produtos e serviços rapidamente. O constante e substancioso investimento em pesquisa e desenvolvimento (P&D) demanda a coleta, tratamento e processamento de dados pessoais, que é objeto de intensa e crescente regulação, e acarreta a necessidade do incremento dos investimentos em políticas de conformidade *(compliance)*.

---

53. UNITED STATES SECURITIES AND EXCHANGE COMMISSION. FORM 10-Q. ANNUAL REPORT PURSUANT TO SECTION 13 OR 15(d) OF THE SECURITIES EXCHANGE ACT OF 1934. Seção: *Our International Operations Expose Us to a Number of Risks*. For the fiscal year ended December 31, p. 7, 2022. Disponível em: https://www.sec.gov/Archives/edgar/data/1018724/000101872423000004/amzn-20221231.htm#icc32c5c732854b7f9975929c57cd5bd4_13. Acesso em: 14 nov. 2023.
54. Segundo o artigo *"Temos mais dados do que nunca. Como usá-los a nosso favor?"*, publicado no sítio eletrônico da Revista EXAME, em 09/06/2021, a cada minuto são gerados no mundo 1,516 mil *terabytes* de dados, segundo Instituto Gartner. No ano de 2020, segundo a mesma metodologia, foram gerados 40 trilhões de *gigabytes* de dados no mundo. (REVISTA EXAME. *Temos mais dados do que nunca. Como usá-los a nosso favor?* 9 jun. 2021. Disponível em: https://exame.com/carreira/dados-uso-favor/. Acesso em: 26 ago. 2023).

Ainda que isso possa ser interpretado como uma vantagem competitiva em favor das empresas transnacionais de tecnologia da informação de grande porte, por outro lado, dada a dimensão de seus recursos humanos, a extensão territorial abrangida e as políticas de governança menos flexíveis, a inovação pode ser interpretada como um desafio, com potencial de risco em virtude da menor flexibilidade de suas políticas internas e de uma abordagem mais burocrática da inovação.

A busca incessante por inovação na entrega de novos produtos e serviços reflete um conflito ético imanente ao ser humano, que, por ter em sua própria condição o estado de angústia e de insatisfação, busca no consumo desenfreado a satisfação que lhe permite a fuga da consciência de finitude da vida.

Nas palavras de José Renato Nalini:

> As necessidades humanas são crescentes e mutantes. É próprio da condição humana o estado de angústia e de insatisfação. Obter as delícias do consumo faz parte da fuga terrena à única e derradeira questão: a finitude da vida. A criatura sabe que vai morrer e, para escapar às indagações angustiantes – 'o que acontecerá depois de minha morte? Haverá vida na transcendência?' –, ela se socorre do prazer e do consumo. Consumir passa a ser uma ocupação incessante e a insatisfação leva o fabricante a sofisticar indefinidamente o produto.[55]

O uso de dados pessoais de pessoas naturais sem ciência ou anuência de seus titulares, o compartilhamento indevido, o vazamento de dados decorrentes da incúria de quem os custodia, a utilização indiscriminada para finalidades não antevistas, ou para inseri-la em um ambiente de massacre publicitário, contra sua vontade ou permissão, são exemplos de conflitos éticos que permeiam as atividades das empresas transnacionais de tecnologia da informação.

Além de interferirem na reputação e na imagem da empresa e sua marca, violações de natureza ética resultam em sanções administrativas e responsabilidade civil, desde que previstas em normas que impõem transparência, prestação de contas e responsabilidade por práticas antiéticas, a exemplo da positivação de princípios norteadores de tratamento de dados pessoais.[56]

Resulta que a inobservância de preceitos éticos pelas pessoas que compõem a empresa, e pela própria pessoa jurídica, são riscos à imagem e à credibilidade da marca e seus produtos, bem assim como o de submeter a empresa a sanções

---

55. NALINI, José Renato. *Ética geral e profissional*. 13. ed., rev. atual. e ampl. São Paulo: Ed. RT, 2016. p. 423.
56. BRASIL. *Lei nº 13.709, de 14 de agosto de 2018*. Lei Geral de Proteção de Dados Pessoais (LGPD). Disponível em: https://www.planalto.gov.br/ccivil_03/_ato2015-2018/2018/lei/l13709.htm. Acesso em: 14 nov. 2023. (art. 6).

de natureza administrativa e perdas financeiras pela imposição da responsabilidade civil.

2.5 OPERAÇÕES DE TRATAMENTO DOS DADOS PESSOAIS E RISCOS REGULATÓRIOS

Partindo-se da premissa que o insumo da economia digital são dados pessoais, e que o cerne da atividade das empresas transnacionais de tecnologia da informação, nesse contexto, consiste no tratamento desses dados, é primordial a compreensão do ciclo de vida desses dados, da coleta ao descarte, com o propósito de divisar as atividades legítimas daquelas que violam direitos da personalidade e, como tal, passíveis de atuação regulatória.

Serão utilizadas referências à Lei Geral de Proteção de Dados Pessoais – Lei nº 13.709/2013 – apenas para a finalidade de compreensão dos riscos regulatórios. Uma análise mais detalhada e contextualizada de seus conceitos e características terá lugar no estudo do sistema regulatório interno de proteção de dados pessoais.

2.5.1 Coleta

A coleta é a primeira operação de tratamento de dados pessoais situada imediatamente após a decisão negocial de se obter informações a respeito do mercado consumidor a partir dos dados pessoais de seus titulares.

O ato de coletar informações sobre os hábitos de vida e consumo de seus clientes, diretamente pelos vendedores, se tornou impossível diante da massificação das relações de consumo experimentadas na vida moderna.

Há três fatores evolutivos das relações de consumo que explicam a migração para a atual forma de coleta de informações.

A despersonalização das relações de consumo, caracterizada pela grande massa de consumidores anônimos, a desmaterialização dos estabelecimentos comerciais e dos instrumentos contratuais e a desterritorialização proporcionada pela Internet, que trouxe a possibilidade de oferta de bens e serviços digitais a todo o globo, foram fatores conjunturais que tornaram a coleta de informações uma operação de força bruta, abandonando o método artesanal de outrora.[57]

O fato de a informação não ser obtida diretamente do consumidor não implica sua ilegitimidade congênita, assim como o fato de ser coletada por meios indiretos não significa sua falta de ciência.

---
57. MARQUES, Claudia Lima. *Confiança no comércio eletrônico e a proteção do consumidor*: um estudo dos negócios jurídicos de consumo no comércio eletrônico. São Paulo: Ed. RT, 2004. passim.

Assim sendo, a coleta indireta pode assumir contornos legítimos ou não, conforme o contexto em que estiver inserida.

Laura Schertel Mendes elenca como principais fontes de dados dos consumidores as transações comerciais, censos e registros públicos, comercialização e cessão de dados e tecnologias de controle na Internet.[58]

As transações comerciais são geralmente precedidas de um cadastro do consumidor, no qual constam não apenas dados essenciais à contratação, como também dados relacionados aos hábitos de consumo que são espontaneamente informados pelo indivíduo que, na maior parte das vezes, consente com sua utilização para outras finalidades.

Os dados das transações comerciais em cartões de crédito e em cartões de fidelidade são também fonte de coleta de dados dotado de peculiar valor, porquanto permitem identificar atributos relacionados aos hábitos da pessoa em relação à frequência de consumo, última transação e seu valor monetário, e que possibilitam, a partir da segmentação dos consumidores, a possibilidade de exclusão daqueles com menor capacidade financeira.

O consentimento e sua legitimidade é questão central para análise da legitimidade da coleta por esse meio, uma vez que, em se tratando de dados pessoais, deve ser livre, informado e inequívoco[59] e, no caso de dados sensíveis, também específico e destacado.[60]

A utilização da base legal do legítimo interesse é possível, em princípio, desde que observados seus requisitos, notadamente o fato de que, em uma situação concreta, tenha relação com a atividade empresarial, não se sobreponha a direitos e liberdades fundamentais do titular e que o tratamento esteja dentro da legítima expectativa.

A observância incondicional dos princípios norteadores do tratamento de dados pessoais sobressai quando utilizada esta base legal, para ressaltar que o controlador deverá garantir transparência do tratamento, baseado e quanto ao seu legítimo interesse, pautando-se pela transparência, para que se identifique a direta relação entre o tratamento e a sua finalidade, utilizando, para tanto, somente os dados necessários.

---

58. MENDES, Laura Schertel. *Privacidade, proteção de dados e defesa do consumidor*: linhas gerais de um novo direito. São Paulo: Saraiva, 2014. p. 96.
59. BRASIL. *Lei nº 13.709, de 14 de agosto de 2018*. Lei Geral de Proteção de Dados Pessoais (LGPD). Disponível em: https://www.planalto.gov.br/ccivil_03/_ato2015-2018/2018/lei/l13709.htm. Acesso em: 14 nov. 2023. (art. 5, inc. XII).
60. Ibidem, art. 11, inc. I.

O princípio da adequação tem especial importância na análise da legitimidade desta forma de coleta de dados pessoais, uma vez que demanda a análise da correlação do tratamento com a justa expectativa do consumidor.

O censo realizado pelo governo e os registros públicos são mecanismos de coleta de informações dos cidadãos que contam com a chancela do poder público e são objeto de compartilhamento com o setor privado, de forma legítima ou não, a depender da observância dos princípios norteadores de proteção de dados,[61] e de requisitos e hipóteses na respetiva lei protetiva.[62]

Por serem atos realizados pelo poder público e, dessa maneira, submetidos ao regime jurídico de proteção de dados pertinente ao ente estatal, hão de ser observadas as prescrições correspondentes no Capítulo IV da LGPD – Do Tratamento de Dados Pessoais pelo Poder Público.[63]

Neste contexto, as bases legais de tratamento de dados pessoais e sensíveis devem ser lidos à luz do artigo 23 da LGPD, que atrela a operação de tratamento pelo poder público ao atendimento de sua finalidade pública, na persecução do interesse público e com o objetivo de executar as competências legais ou cumprir as atribuições legais do serviço público.

A despeito da coleta de dados pessoais nessa modalidade ser feita pelo poder público, interessa a este trabalho a obtenção desses dados pelas empresas na forma de uso compartilhado, conforme preconizam os artigos 26, § 1º e 27, da LGPD. Com efeito, a legitimidade da utilização de dados provenientes dessas fontes por um ente privado perpassa pela análise desses requisitos específicos.

Pesquisa de mercado é uma forma de obtenção de dados realizada diretamente junto ao indivíduo, pessoalmente, por telefone, *e-mail*, comunicadores instantâneos ou por formulários eletrônicos e, a despeito de não identificarem o indivíduo, fornecem ao controlador uma visão dos desejos de consumo, disposição de dispêndio, marcas preferidas e panorama concorrencial.

Pesquisa de estilo de vida, por outro lado, apesar de utilizar de canais análogos, aborda o consumidor de forma individualizada, possibilitando a identificação dos hábitos de consumo em determinada segmentação geográfica.

---

61. Ibidem, art. 6º.
62. O uso compartilhado de dados pessoais entre o poder público e um ente privado é regulado pelos artigos 25 a 27 da Lei Geral de Proteção de Dados Pessoais. A esse respeito, confira-se: TASSO, Fernando Antonio. Compartilhamento de dados entre o setor público e privado – possibilidades e limites. *Revista do Advogado*, São Paulo, n. 144, nov. 2019, p. 107-116.
63. TASSO, Fernando Antonio. Do tratamento de dados pessoais pelo Poder Público. In: MALDONADO, Viviane Nóbrega; BLUM, Renato Opice. *LGPD*: Lei Geral de Proteção de Dados comentada. 3. ed. São Paulo: Ed. RT, 2021. p. 261-307.

Ambos são meios legítimos de coleta de dados, uma vez que provêm diretamente do indivíduo titular dos dados, mas desde que observadas as mesmas ressalvas quanto à observância de princípios de tratamento, principalmente no que se refere à transparência e à não discriminação, e a existência de base legal.

A participação do consumidor em sorteios e concursos, para o que deve preencher cadastro com seus dados pessoais e, corriqueiramente, com seus hábitos de consumo, consiste em uma forma potencialmente ilegítima de coleta de dados pessoais. Isto porque, a pretexto de participar de um certame, não é dada ciência inequívoca ao participante de que seus dados serão compartilhados e em que circunstâncias. Nesse sentido, a mesma atenção deve ser dada à higidez do consentimento para análise da legitimidade da operação, bem como aos princípios norteadores da transparência e da não discriminação.

Finalmente, as tecnologias de controle da Internet podem ser exemplificadas por *cookies* e *spywares*. Aqueles consistem em fragmentos de informações armazenadas no *hardware* do usuário e permitem rastrear seus passos e hábitos de navegação na rede mundial. Já os *spywares*, normalmente associados a práticas de vigilância não consentida, são programas que, instalados nos equipamentos dos usuários, coletam sorrateiramente o conteúdo de comunicações, senhas e outros dados de alta potencialidade lesiva, transmitindo-os ao controlador. Excepcionado o uso para finalidades ilícitas, qualquer dessas tecnologias perpassa pela análise da validade do consentimento do usuário e pela transparência quanto à sua utilização e finalidade.

2.5.2 Processamento

A informação coletada resulta em valor à empresa na exata medida em que seu processamento conduza a um refinamento dessa massa de dados, extraindo valor para o negócio.

Um processamento eficiente de dados permite executar uma análise conjuntural do consumo individual, para segmentar consumidores de maior e menor valor, inferir comportamentos, modelar novos produtos e serviços, bem como diminuir riscos de lançamento e distribuição com um planejamento baseado em dados, tornam a atividade das empresas transnacionais de tecnologia da informação, no contexto da economia digital, mais assertiva e individualizada.

Discute-se o aspecto da legitimidade dessa espécie de tratamento, pois, ainda que se sustente se tratar de um *fair trade*, o processamento de dados pessoais dos consumidores de serviços digitais pode, por motivos mercadológicos, interferir na liberdade de escolha do indivíduo, suprimir sua esfera de privacidade, e pode ainda levar à discriminação e à exclusão do mercado de consumo.

2.5.2.1 Depósito de dados (data warehousing)

O conceito de *data warehouse* encerra a ideia de um sistema de gerenciamento de grande quantidade de dados históricos estruturados, provenientes de diversas fontes, projetado para a extração de relatórios negociais para apoiar a tomada de decisão estratégica por uma empresa.[64]

A peculiaridade dessa forma de tratamento é o fato de indexar todas as informações a partir de um sujeito, um consumidor, e não do negócio, a empresa, armazenando-as sob a premissa *append only*, ou seja, os dados não são sobrescritos ou apagados, apenas incrementados, sendo, por esta característica não volátil, uma das fontes mais confiáveis de dados pessoais.[65]

O *data warehousing* é a melhor expressão da transformação quantitativa e qualitativa que as ferramentas de tecnologia da informação trouxeram à manipulação de dados, desencadeando a própria reanálise do conceito de privacidade para, nesse contexto, dar nascimento ao direito à proteção dos dados pessoais.

A possibilidade técnica de tratar uma grande massa de dados de uma maneira mais eficiente, utilizando-se tecnologias emergentes, como a inteligência artificial, para a identificação de padrões e extração de inferências é o motivo pelo qual o direito à proteção de dados pessoais surge como direito autônomo.

Nesse contexto, Laura Schertel Mendes refere-se a Hans-Heinrich Trute, para reafirmar que "o direito à proteção de dados deve ser concebido não como uma garantia da propriedade, mas como a proteção da personalidade do indivíduo contra os riscos ocasionados pela coleta, processamento e circulação dos dados pessoais".[66]

Esse banco de dados estruturado acerca de determinada ou determinadas pessoas é o substrato sobre o qual operam diversas tecnologias, com a finalidade de extrair visões ou inferências diversas, conforme a abordagem.

---

64. Sobre o conceito e características do *data warehouse*, confira-se a página da Oracle Brasi, em: https://www.oracle.com/br/database/what-is-a-data-warehouse/.
65. Difere do *data lake*, uma vez que este consiste em um enorme repositório de dados não estruturados, provenientes de diversas fontes em seus formatos originais e não processados. Dados com essas características devem ser previamente processados e estruturados com uma finalidade específica para integrarem um *data warehouse*. Nesse sentido, mostra-se pertinente a metáfora entre o lago de dados, que pode conter elementos de todas as naturezas, e o depósito de dados, estes organizados de modo a servirem a uma finalidade específica. Mais informações em: https://www.qubole.com/data-lakes-vs-data-warehouses-the-co-existence-argument.
66. TRUTE, H.-H. Verfassungsrechtliche Grundlagen. In: ROSSNAGEL (Hrsg.). Handbuch des Datenschutzrechts, München, Beck, 2003, p. 161 *apud* MENDES, Laura Schertel. *Privacidade, proteção de dados e defesa do consumidor*: linhas gerais de um novo direito. São Paulo: Saraiva, 2014. p. 124.

2.5.2.2 Mineração de dados (data mining)

O *data mining* é uma técnica de tratamento de dados que aplica estatística e combinação de dados aparentemente desconexos para encontrar padrões e relacionamentos ocultos entre si e, dessa forma, extrair informações úteis e de valor empresarial.[67]

Através da mineração de dados, é possível identificar padrões de comportamento e consumo, o que permite a classificação e a segmentação de pessoas em grupos, antevendo tendências.

A segmentação é discriminatória por sua própria natureza. No entanto, será legítima, se for destinada a propósitos lícitos e não abusivos,[68] em que se prestigie o conteúdo jurídico do princípio da igualdade.[69] Pontua Laura Schertel Mendes que a técnica em si não viola o princípio fundamental da igualdade, mas seu modo de utilização e as decisões que serão tomadas com base nas informações extraídas.[70]

A transparência quanto aos propósitos da mineração é imperativo que decorre do princípio homônimo, enquanto os princípios da prevenção e da segurança são mandatórios no que diz respeito à possibilidade de que a recombinação de dados pessoais resulte na produção de um dado sensível, a exigir nova base legal.

2.5.2.3 Sistema de processamento analítico on-line (Online Analytical Processing)

O *Online Analytical Processing* (OLAP) consiste num aperfeiçoamento da mineração de dados advindo do fato de ambientar os dados de um *data warehouse* em uma nova estrutura adequada à extração de relatórios sob demanda, de forma dinâmica e multidimensional, para serem obtidas novas relações entre os dados, conforme o vetor de pesquisa, em vez da geração de relatórios estanques e predefinidos característicos da simples mineração.

Sua principal virtude é a possibilidade de analisar os mesmos dados sob diferentes pontos de vista, e o cerne da evolução está no pré-processamento de bancos de dados relacionais, que cria vínculos entre eles antes mesmo da consulta

---

67. A respeito de mineração de dados, confira-se: https://aws.amazon.com/pt/what-is/data-mining/.
68. Artigo 6, IX da Lei Geral de Proteção de Dados Pessoais, *a contrario sensu*.
69. O Professor Celso Antonio Bandeira de Mello trata de forma lapidar a questão da necessária consonância da discriminação com os interesses protegidos na Constituição, no Capítulo VI da obra "O Conteúdo Jurídico do Princípio da Igualdade". BANDEIRA DE MELLO, Celso Antonio. *O conteúdo jurídico do princípio da igualdade*. 3. ed. São Paulo: Malheiros Editores, 2017. p. 41-44.
70. MENDES, Laura Schertel. *Privacidade, proteção de dados e defesa do consumidor*: linhas gerais de um novo direito. São Paulo: Saraiva, 2014. p. 110.

formulada pelo usuário, o que torna a apresentação de resultados, sob diversos vieses, uma operação rápida e acessível sob demanda.[71]

A imediatidade no correlacionamento dos dados permite que o controlador formule hipóteses, testando-as com a rapidez característica dos negócios no ambiente digital.

Por se tratar de uma decorrência evolutiva da técnica de mineração, as mesmas ressalvas e considerações aqui se aplicam.

2.5.2.4 Elaboração de perfil (profiling)

A construção de perfil consiste na criação de um registro pessoal mediante a reunião de todos os dados disponíveis sobre determinado indivíduo, agregando a ele as inferências quanto ao seu comportamento futuro a partir da utilização de técnicas de inteligência artificial, com a finalidade de se obter uma "metainformação", que consiste numa síntese dos hábitos, preferências pessoais e outros registros de vida dessa pessoa.[72]

A multiplicidade de aspectos reunidos e inferidos a partir dos dados relativos à pessoa consiste em sua autêntica representação virtual, tendo já sido denominada de *digital persona, avatar* e *data shadow*[73] que, em determinadas circunstâncias, distancia-se em muito de sua real personalidade.

O primeiro e mais relevante risco é a tomada de decisões empresariais baseada total ou predominantemente na utilização de perfis.

Isso porque, a depender da qualidade dos dados pessoais utilizados, no que diz respeito à atualização, clareza, relevância e exatidão, a criação do perfil pode distorcer a personalidade que é atribuída ao indivíduo, resultando em potencial discriminação ou exclusão de acesso a oportunidades típicas do convívio social, das relações de emprego e, eventualmente, do consumo de determinados bens ou serviços, em patente violação ao princípio fundamental da igualdade.

Em determinadas circunstâncias, a criação de um perfil é, da mesma maneira, potencialmente danosa à personalidade, porquanto as inferências alcançadas com base em dados de fontes não qualificadas levam à formação de novos elementos informativos, que passarão a integrar o perfil daquele

---

71. A respeito do OLAP, confira-se: https://aws.amazon.com/pt/what-is/olap/.
72. DONEDA, Danilo. *Da privacidade à proteção de dados pessoais*. 2. ed. São Paulo: Thomson Reuters Brasil, 2019. p. 151.
73. CLARKE, Roger. *The digital persona and its application to data surveillance*, in: *The Information Society*, 10,2 (junho 1994) apud DONEDA, Danilo. *Da privacidade à proteção de dados pessoais*. 2. ed. São Paulo: Thomson Reuters Brasil, 2019. p. 152.

indivíduo, que gera uma reação negativa em cadeia em relação às inferências subsequentes.

2.5.2.5 Sistema da avaliação (scoring)

Esse sistema consiste em atribuir pontos aos indivíduos, como forma de identificar aqueles que possuem maior valor para a empresa, o que permite o planejamento de ações direcionadas com a mitigação dos riscos de investimento.

A falta de transparência dos sistemas de avaliação, no que se refere aos critérios que definem e atribuem pontuação, consiste no maior risco de violação de direitos fundamentais, na medida em que um indivíduo pode ser rotulado segundo critérios desconhecidos e em relação aos quais não tenha nenhuma ingerência.

Não é por outro motivo que a Lei do Cadastro Positivo (Lei nº 12.414, de 09 de junho de 2011) define quais informações podem integrar o banco de dados para análise de histórico de crédito de pessoas naturais ou jurídicas, bem como fixa premissas de clareza, objetividade e exatidão para o dado a ser considerado, ao lado de regra e salvaguardas de direito do indivíduo.

2.5.3 Circulação

Uma vez analisadas as formas de tratamento dos dados coletados pelas empresas transnacionais de tecnologia da informação, no desempenho de suas atividades contextualizadas na economia digital, é necessário considerar os aspectos relativos à circulação dos dados coletados e produzidos, para uma completa noção da extensa gama de atos passível de violação do direito fundamental à proteção de dados pessoais e das normas legais de proteção.

Daniel Solove referiu-se à "indústria de banco de dados" para ilustrar a importância que os dados pessoais possuem na economia digital, cuja finalidade é a de propiciar ao mercado fornecedor as informações pessoais de categorias de consumidores, comercializando ou cedendo esses dados.[74]

Não há como se apartar a massiva circulação de dados pessoais nas diversas relações sociais, empresariais e de trabalho no atual contexto civilizatório. Portanto, o compartilhamento de dados é imperativo da nova era para o fomento de atividades produtivas, seja pela comercialização como pela utilização na forma de consórcios.

---

74. SOLOVE, Daniel. *The digital person*: technology and privacy in the information age. New York: New York University, 2004. p. 19.

A legitimidade do tratamento de dados pessoais no âmbito dos consórcios, seja ele setorial ou multissetorial, perpassa pela necessária análise da finalidade que, nos sucessivos repasses, deve observar coerência com a justa expectativa todo titular e, sobretudo, no aspecto da identificação da base legal de tratamento, deve sustentar sua validade nas sucessivas alterações de controle, seja pela obtenção de novo consentimento, ou da observância dos requisitos do legítimo interesse. A análise preconizada é, portanto, contextual.

No âmbito da circulação de dados, as empresas transnacionais de tecnologia da informação podem assumir um ou ambos os perfis, como coletora e vendedora de dados pessoais para o fomento da atividade de terceiras empresas, ou como a consumidora desses dados para o fomento de suas atividades.

Shoshana Zuboff utiliza o Google como exemplo de empresa que atua no tratamento de dados pessoais da coleta à circulação, sendo ao mesmo tempo coletora, vendedora e consumidora desses dados.

Por ser o detentor da plataforma de buscas mais utilizada na Internet,[75] o Google descobriu uma forma de traduzir suas interações de não mercado, ou seja, aquelas tidas como gratuitas, a exemplo de seu buscador, em matéria prima para o desenvolvimento de produto a ser consumido pelo mercado publicitário. A partir do processamento desses dados, utilizando-se das técnicas de processamento aqui tratadas, bem como de modelos de inteligência artificial, passou a extrair inferências sobre o comportamento individualizado dos usuários, para criar produtos de predição.

Com isso, a empresa postula não comercializar dados pessoais, mas inferências sobre comportamentos futuros, destinando-as aos ávidos mercados de publicidade, *marketing* e desenvolvimento de produtos customizados.

A ideia se resume na consideração de que: "Não somos mais os sujeitos da realização de valor. Tampouco somos, conforme alguns insistem, o "produto" das vendas do Google. Em vez disso, somos os objetos dos quais matérias-primas são extraídas e expropriadas para as fábricas de predição do Google. Predições sobre o nosso comportamento são os produtos do Google, e são vendidos aos verdadeiros clientes da empresa, mas não a nós. Nós somos os meios para os fins de outro".[76]

---

75. O buscador Google é responsável por 92,63% das buscas em todo o mundo, em todas as plataformas; StatCounter; aferição em abril de 2023. (BIANCHI, Thiago. Global market share of leading search engines 2015-2023. *Statista*, 24 Mayo 2023. Disponível em: https://www.statista.com/statistics/1381664/worldwide-all-devices-market-share-of-search-engines/. Acesso em: 14 nov. 2023).

76. ZUBOFF, Shoshana. *A era do capitalismo de vigilância* – a luta por um futuro humano na nova fronteira do poder. Trad. George Schlesinger. Rio de Janeiro: Intrínseca: 2020. p. 115.

3
SISTEMA REGULATÓRIO GLOBAL DE PROTEÇÃO DE DADOS PESSOAIS

Uma vez demonstrado que o direito à proteção de dados pessoais decorreu da evolução conceitual do direito à privacidade, tendo por vetor o princípio maior da dignidade da pessoa humana, no contexto da tutela dos direitos da personalidade, é curial adentrar o estudo de seus sistemas de proteção.

Como um direito humano, dado seu caráter de universalidade e atrelamento à pessoa humana, mais do que a qualquer nação ou ordenamento jurídico específico, está inserido num sistema de proteção global dos demais direitos humanos.

Esse sistema é lastreado em tratados e convenções internacionais que obrigam os países signatários a observarem a tutela e a proteção dos direitos humanos em caráter primacial nos seus próprios ordenamentos jurídicos, sem prejuízo da soberania de cada nação.

3.1 ORGANIZAÇÃO DAS NAÇÕES UNIDAS

A eclosão da Segunda Guerra Mundial, com a invasão da Polônia pela Alemanha nazista, colocou em questão a aptidão da Liga das Nações[1] em manter a paz mundial, conforme missão assumida ao término da Primeira Guerra Mundial.

Em meio aos horrores humanitários da Segunda Guerra Mundial, o presidente norte-americano Franklin Delano Roosevelt liderou o debate sobre a criação de uma nova organização internacional que substituísse a Liga das Nações.

A Carta das Nações Unidas foi assinada em 26 de junho de 1945 por 50 países, incluindo o Brasil, e entrou em vigor em 24 de outubro do mesmo ano. Atualmente, a ONU (Organização das Nações Unidas) tem 193 Estados-membros. O Brasil promulgou a Carta das Nações Unidas pelo Decreto nº 19.841, de 22 de outubro de 1945.

---

1. A Liga das Nações foi uma organização internacional que tinha por finalidade assegurar a paz mundial, e foi idealizada pelos países vencedores da Primeira Guerra Mundial e efetivamente criada em 28 de junho de 1919, pelo Tratado de Versalhes. A respeito da Liga das Nações: https//: www.pt.wikipedia.org/wiki/Sociedade_das_Na%C3%A7%C3%B5es.

Consta da Carta a criação da ONU como uma entidade intergovernamental destinada a promover a cooperação internacional e a resolução pacífica de conflitos. Tem como objetivos principais manter a paz e a segurança internacionais, desenvolver relações amistosas entre as nações, promover o progresso social, elevar o nível de vida das pessoas e proteger os direitos humanos.[2]

Sua estrutura é composta por órgãos e agências especializadas, cada qual com funções específicas.

A Assembleia Geral é o principal órgão deliberativo e é composta por todos os Estados-membros. Ela se reúne anualmente para discutir questões globais e tomar decisões sobre uma variedade de temas, incluindo o orçamento da ONU. Embora suas resoluções sejam recomendações, e não tenham caráter vinculante, elas são um instrumento importante na formação de consenso internacional.

O Conselho de Segurança, por sua vez, é um órgão de 15 membros, com cinco membros permanentes: Estados Unidos, Rússia, China, França e Reino Unido. Esse Conselho tem como responsabilidade primordial a manutenção da paz e da segurança internacionais. Suas decisões são vinculantes e podem incluir a autorização de intervenções militares e a imposição de sanções econômicas.

O Secretariado, liderado pelo Secretário-Geral, serve como o órgão administrativo e executivo da ONU. É encarregado da implementação das decisões tomadas pelos outros órgãos e da gestão dos programas e políticas da organização.

A Corte Internacional de Justiça (CIJ), localizada em Haia, na Holanda, atua como o principal órgão judicial da ONU, responsável por resolver disputas entre Estados e fornecer pareceres consultivos sobre questões de direito internacional.

O Conselho Econômico e Social coordena a cooperação econômica e social entre os Estados-membros e supervisiona o trabalho de várias agências especializadas, como a Organização Mundial da Saúde (OMS) e a Organização Internacional do Trabalho (OIT).

O Conselho de Tutela, que originalmente supervisionava os territórios sob tutela, tornou-se em grande parte obsoleto, desde que o último desses territórios alcançou independência, em 1994, e encontra-se atualmente inativo.

Além desses órgãos, a ONU também conta com várias agências especializadas e programas, como o Programa das Nações Unidas para o Desenvolvimento (PNUD), o Fundo das Nações Unidas para a Infância (UNICEF), e a Organização das Nações Unidas para a Alimentação e a Agricultura (FAO), cada um com sua própria missão e conjunto de responsabilidades.

---

2. Fonte: https://pt.wikipedia.org/wiki/Organiza%C3%A7%C3%A3o_das_Na%C3%A7%C3%B5es_Unidas.

Por epítome, no que se refere aos direitos humanos, especialmente em relação ao direito à proteção de dados pessoais, têm notável relevância a Assembleia Geral, por seu poder deliberativo, o Conselho de Direitos Humanos, que é órgão de apoio técnico especializado da Assembleia Geral, e a Corte Internacional de Justiça, que reúne função jurisdicional contenciosa e consultiva em questões de direitos humanos.

3.1.1 Assembleia Geral

A Assembleia Geral da Organização das Nações Unidas é um dos seis órgãos principais da ONU e serve como um fórum para que todos os 193 Estados-membros discutam e colaborem em questões internacionais. A Assembleia Geral foi estabelecida pela Carta das Nações Unidas de 1945 e tem sede em Nova Iorque, Estados Unidos. Suas responsabilidades incluem a discussão de questões internacionais, o fomento à cooperação internacional e a tomada de decisões que afetam a paz e a segurança globais.

Embora a Assembleia Geral não tenha poder para emitir resoluções vinculantes sobre os Estados-membros, suas decisões têm importante relevância ética e política. Ela tem o poder de discutir qualquer assunto que não esteja atualmente sendo abordado pelo Conselho de Segurança e pode fazer recomendações aos Estados-membros. Além disso, a Assembleia tem a autoridade para aprovar o orçamento da ONU, eleger os membros não permanentes do Conselho de Segurança e nomear seu Secretário-Geral.

Em relação à defesa dos direitos humanos, a Assembleia Geral tem um histórico notável de atuação. Seu maior feito foi, indubitavelmente, a elaboração da Declaração Universal dos Direitos Humanos, de 10 de dezembro de 1948. Este documento estabeleceu os direitos humanos básicos que devem ser protegidos globalmente e serviu como base para inúmeras convenções e tratados internacionais subsequentes.

Destacam-se na atuação da Assembleia Geral, na área de direitos humanos ainda, a Resolução nº 260, adotada em 9 de dezembro de 1948, que aprovou a Convenção para a Prevenção e Repressão do Crime de Genocídio. Esta foi a primeira vez que o genocídio foi codificado como um crime internacional, e a convenção forneceu uma base legal para a acusação e condenação dos acusados por essa prática.

A Assembleia Geral também adotou uma série de resoluções e declarações que se concentram em temas específicos de direitos humanos, como a Convenção sobre a Eliminação de Todas as Formas de Discriminação contra as Mulheres

(CEDAW, 1979), a Convenção sobre os Direitos da Criança (1989), e a Declaração sobre os Direitos dos Povos Indígenas (2007).

No âmbito do comércio global, uma das deliberações mais importantes da Assembleia Geral da ONU é a Resolução 1995 (XIX), de 30 de dezembro de 1964, que estabeleceu a Conferência das Nações Unidas sobre Comércio e Desenvolvimento (UNCTAD). A UNCTAD foi criada para promover o desenvolvimento econômico dos países em desenvolvimento, focando principalmente na promoção e facilitação do comércio internacional.

A Resolução 1995 (XIX) foi um marco, pois reconheceu que os desequilíbrios no comércio global contribuíam para as desigualdades econômicas entre os países desenvolvidos e em desenvolvimento. Ela destacou a necessidade de um sistema comercial mais justo e equitativo e instou a comunidade internacional a tomar medidas concretas para melhorar as condições comerciais para os países menos desenvolvidos. Desde então, a UNCTAD tornou-se um fórum importante para o diálogo e a negociação de questões comerciais, fornecendo análises, dados e diretrizes que têm influência direta nas políticas comerciais globais.

A UNCTAD realiza regularmente conferências e publica relatórios que abordam várias questões relacionadas ao comércio global, incluindo barreiras comerciais, fluxos de investimento estrangeiro direto, transferência de tecnologia, e desenvolvimento sustentável. Seus esforços têm contribuído para a formulação de políticas que almejam alcançar um comércio mais inclusivo e sustentável. Ademais, tem desempenhado um papel consultivo em negociações comerciais multilaterais, especialmente no que se refere à Organização Mundial do Comércio (OMC).

3.1.2 Conselho de Direitos Humanos

As Comissões da Assembleia Geral da Organização das Nações Unidas (ONU) são elementos-chave no funcionamento deste órgão deliberativo. Elas têm o papel de discutir temas específicos, elaborar resoluções e fornecer recomendações à Assembleia Geral para deliberação em plenário.

As comissões funcionam como fóruns especializados que permitem um exame mais aprofundado de questões que vão desde desarmamento até desenvolvimento social.[3]

---

3. São seis as comissões principais: Comissão de Desarmamento e Segurança Internacional (DISEC): esta comissão lida principalmente com questões de desarmamento, ameaças à paz e medidas para fortalecer a segurança global. Ela também explora maneiras de regular armamentos convencionais e promover o uso pacífico da energia nuclear; Comissão Econômica e Financeira (ECOFIN): esta comissão aborda questões relacionadas ao desenvolvimento econômico, finanças e políticas macroeconômicas. Ela

Essas comissões permitem que a Assembleia Geral conduza discussões mais focadas e técnicas, antes de trazer temas para deliberação no plenário. Elas desempenham um papel crucial na formulação de políticas e recomendações que orientam a ação da ONU.

O Conselho de Direitos Humanos (CDH) é um órgão intergovernamental, dentro do sistema das Nações Unidas, responsável por fortalecer a promoção e proteção dos direitos humanos ao redor do globo. Ele foi criado pela Assembleia Geral da ONU, em 15 de março de 2006, pela Resolução A/RES/60/251,[4] substituindo a antiga Comissão de Direitos Humanos. O Conselho é subordinado à Assembleia Geral e tem um *status* especial na estrutura organizacional da ONU.

Diferentemente de agências especializadas, como a Organização Mundial da Saúde (OMS), ou a Organização Internacional do Trabalho (OIT), que têm mandatos técnicos e foco específico, o Conselho de Direitos Humanos lida com uma ampla gama de questões relacionadas aos direitos humanos e tem o poder de fazer recomendações aos Estados-membros.

Ele também tem o mandato de realizar revisões periódicas universais dos registros de direitos humanos de todos os Estados-membros da ONU, além de considerar denúncias de violações dos direitos humanos e emitir recomendações pertinentes.

O Conselho de Direitos Humanos é composto por 47 Estados-membros, eleitos pela Assembleia Geral para mandatos de três anos. A sua composição é destinada a ser representativa das diferentes regiões geográficas do mundo. Dada a sua natureza intergovernamental e seu foco especializado, o Conselho funciona como um mecanismo dentro do sistema da ONU que colabora, mas também é distinto, dos outros órgãos principais, como a Assembleia Geral e o Conselho de Segurança.[5]

---

também trata de questões relacionadas à pobreza, desenvolvimento internacional e globalização; Comissão Social, Humanitária e Cultural (SOCHUM): questões relativas a direitos humanos, inclusão social e questões culturais estão sob a jurisdição desta comissão. Ela também examina temas como prevenção do crime e assistência humanitária; Comissão de Política Especial e de Descolonização (SPECPOL): esta comissão lida com uma variedade de temas, incluindo descolonização, direitos dos povos palestinos e operações de manutenção da paz. Ela também aborda assuntos relacionados ao espaço exterior e à informação pública; Comissão Administrativa e Orçamentária: esta comissão é responsável pela supervisão dos aspectos administrativos e orçamentários da ONU. Ela avalia o orçamento proposto e faz recomendações à Assembleia Geral; e Comissão Jurídica: questões de direito internacional, incluindo a codificação e o desenvolvimento progressivo do direito internacional, são o foco desta comissão. Ela também aborda o trabalho da Comissão de Direito Internacional e outros assuntos jurídicos.

4. Disponível em: https://www2.ohchr.org/english/bodies/hrcouncil/docs/a.res.60.251_en.pdf.
5. MINISTRY OF FOREIGN AFFAIRS AND TRADE/MANATŪ AORERE. *United Nations Handbook 2023-24*. 60th ed. Wellington, New Zealand, 2023. Disponível em: https://www.mfat.govt.nz/assets/

Por epítome, no que se refere ao direito humano de proteção de dados pessoais, a ONU exerce, por seus órgãos estruturais, o papel de entidade de observação, fiscalização e jurisdição, em escala global, de tais direitos consagrados na Declaração Universal dos Direitos Humanos de 1948.

A Assembleia Geral tem papel fundamental na definição da agenda de proteção de direitos como órgão deliberativo e, ainda que suas disposições não possuam caráter vinculante dos países membros, são um ambiente de formação de consenso global acerca de determinados temas, a exemplo da tutela dos direitos humanos.

No exercício desse mister, o Conselho de Direitos Humanos tem função técnica de expedir recomendações aos Estados membros, sob os auspícios da Assembleia Geral.

3.1.3 Corte Internacional de Justiça

A Corte Internacional de Justiça (CIJ) é o principal órgão judicial das Nações Unidas, estabelecido pela Carta da ONU em 1945. Sua sede está localizada em Haia, na Holanda. O tribunal exerce jurisdição nas searas contenciosa e consultiva.[6]

Na jurisdição contenciosa, o TIJ julga casos que envolvem disputas entre Estados-membros, desde que tenham consentido a ela submeter-se. Esse consentimento pode ser expresso de várias formas: mediante declaração unilateral, tratados internacionais específicos, ou cláusulas compromissórias em tratados. A decisão do tribunal em casos contenciosos é vinculante apenas para as partes em disputa e diz respeito exclusivamente à questão particular em análise.

Por outro lado, no exercício de sua função consultiva, o TIJ fornece opiniões e pareceres a outros órgãos da ONU, ou a suas agências especializadas, quando solicitado. Estas opiniões consultivas não são vinculantes, mas possuem relevante importância no direito internacional.

A jurisdição da CIJ não tem o poder de fazer cumprir suas próprias decisões, que fica a cargo do Conselho de Segurança da ONU, que pode ou não escolher tomar medidas. Além disso, o tribunal não tem jurisdição sobre questões internas dos Estados-membros, exceto se esses Estados expressamente consentirem com tal jurisdição.

Peace-Rights-and-Security/Our-work-with-the-UN/UN-Handbook-2023-24.pdf. Acesso em: 14 nov. 2023. p. 28-29.

6. O Estatuto da Corte Internacional de Justiça integra a Carta das Nações Unidas, promulgada pelos Brasil pelo Decreto nº 19.841, de 22 de outubro de 1945. A previsão de jurisdição contenciosa do TIJ encontra-se nos artigos 34 a 38 e da jurisdição consultiva nos artigos 65 a 68.

3.2 DECLARAÇÃO UNIVERSAL DOS DIREITOS HUMANOS

A Declaração Universal dos Direitos Humanos (DUDH) foi adotada pela Assembleia Geral da Organização das Nações Unidas em 10 de dezembro de 1948, por meio da Resolução nº 217 A (III). O contexto em que a DUDH foi formulada foi fortemente influenciado pelas atrocidades cometidas durante a Segunda Guerra Mundial, incluindo o Holocausto. Em resposta a esses eventos chocantes, a comunidade internacional reconheceu a necessidade de estabelecer um conjunto comum de princípios que guiassem o tratamento da pessoa humana em todo o mundo, na busca por evitar futuras violações de direitos humanos em uma escala tão devastadora.

A DUDH é um documento seminal que lista um conjunto abrangente de direitos humanos, incluindo direitos civis, políticos, econômicos, sociais e culturais. Os 30 artigos da declaração englobam uma variedade de direitos fundamentais, desde o direito à vida e à liberdade até o direito à educação e ao trabalho, com destaque, para o propósito deste trabalho, ao seu artigo 12, que trata da privacidade como um direito humano. A DUDH é considerada a base do direito internacional dos direitos humanos, e dá origem a diversos tratados e convenções subsequentes.

Quanto à sua obrigatoriedade, é crucial notar que a DUDH é uma declaração, e não um tratado, o que significa que, tecnicamente, ela não é vinculativa para os Estados-membros da ONU. Entretanto, algumas de suas disposições foram incorporadas em tratados internacionais, tornando-as assim vinculativas para os Estados que são partes desses tratados. A própria Corte Internacional de Justiça reconhece na DUDH o *status* de "direito consuetudinário internacional", por força do artigo 38.1.b de seu Estatuto, o que tornaria seus princípios vinculativos, independentemente de tratados específicos.

A característica mais distintiva da DUDH é sua universalidade. A Declaração foi idealizada para ser aplicável a todas as pessoas, em todos os lugares, independentemente de sua nacionalidade, etnia, religião ou qualquer outra condição. Ela tem servido como um padrão ideal para o tratamento humano, e muitos dos seus princípios foram incorporados nas constituições e nas legislações nacionais de diversos países, a exemplo da Constituição Federal da República Federativa do Brasil. Ademais, a DUDH também tem um significado simbólico relevante, e serve como um ideal coletivo em direção ao qual a humanidade deve se esforçar.

O direito à privacidade é previsto na Carta de Direitos em seu artigo 12 com a seguinte dicção:

Artigo 12 – Ninguém será sujeito à interferência na sua vida privada, na sua família, no seu lar ou na sua correspondência, nem a ataque à sua honra e reputação. Todo ser humano tem direito à proteção da lei contra tais interferências ou ataques.

A incorporação do influxo garantista da Declaração Universal na Constituição Federal se deu com a inserção em seu texto dos direitos à inviolabilidade da intimidade, vida privada, honra e imagem, bem assim como o direito de sigilo de correspondência, de inviolabilidade do domicílio, do sigilo de correspondência e das comunicações telegráficas, de dados e telefônicas, como direitos fundamentais.

Posteriormente, mercê da Emenda Constitucional nº 115, foi incorporado ao rol de direitos fundamentais o direito à proteção de dados pessoais, como resultado da evolução conceitual da tutela da privacidade, decorrente do avanço da tecnologia da informação no contexto da economia digital.

3.3 PRINCÍPIOS ORIENTADORES SOBRE EMPRESAS E DIREITOS HUMANOS

A intersecção entre os direitos humanos e as empresas não havia sido endereçada especificamente pela Comissão de Direitos Humanos, desde sua oficialização.

Segundo Zeid Ra'ad Al Hussein, Alto Comissário das Nações Unidas para os Direitos Humanos no ano de 2011, pela primeira vez a Comissão de Direitos Humanos endossou um texto normativo sobre o tema que não foi objeto de prévia negociação pelos governos.[7]

Trata-se dos Princípios Orientadores sobre Empresas e Direitos Humanos,[8] que constituem a única orientação oficial que o Conselho e sua antecessora, a Comissão de Direitos Humanos, emitiram para Estados e empresas em relação aos desafios da temática empresas e direitos humanos.

Os POs são estruturados em três pilares – proteger, respeitar e reparar: (I) o dever do Estado de proteger contra abusos de direitos humanos por parte de terceiros, incluindo empresas; (II) a responsabilidade corporativa de respeitar os direitos humanos; e (III) o acesso das vítimas a recursos judiciais e não judiciais para remediar e reparar violações.

---

7. BRASIL. Ministério da Mulher, da Família e dos Direitos Humanos. *Princípios orientadores sobre empresas e direitos humanos: implementando os parâmetros "proteger, respeitar e reparar" das Nações Unidas.* [2011]. Disponível em: https://www.gov.br/mdh/pt-br/assuntos/noticias/2019/outubro/Cartilha_versoimpresso.pdf. Acesso em: 14 nov. 2023. p. 7.
8. Resolução A/HRC/RES/17/31, 2011 – https://www.ohchr.org/sites/default/files/Documents/Issues/Business/A-HRC-17-31_AEV.pdf.

Denota-se que as Nações Unidas atribuíram não individualmente, mas a ambos, empresa e Estado, a obrigatoriedade de observância dos POs.

Conforme a Cartilha, uma característica distintiva dos Princípios é que eles prescrevem não apenas *o que* deve ser feito pelos governos e empresas para gerenciar melhor os riscos relacionados a empresas e direitos humanos, mas também *como* fazê-lo.

Estabeleceu-se com os Princípios Orientadores um padrão global oficial, consistente, num plano para as etapas que todos os Estados e empresas devem adotar para defender os direitos humanos e, dentre eles, o direito à proteção de dados pessoais.

Trata-se de uma síntese de consenso de todos os direitos reconhecidos internacionalmente e se aplicam a todos os estados e empresas, o que inspirou a introdução por vários governos, segundo consta do documento, do processo de "devida diligência em direitos humanos" pelas grandes empresas.

Neste aspecto, identifica-se o ponto de toque entre as empresas transnacionais de tecnologia da informação e a obrigatoriedade de observância dos direitos humanos no desempenho de suas atividades, independentemente do país de sua sede ou da oferta de seus produtos e serviços.

John G. Ruggie, em decorrência de quem se denominam esses princípios de "Princípios de Ruggie", era o Representante Especial do Secretário-Geral da ONU para Empresas e Direitos Humanos à época e mencionou no introito do documento que a Associação Internacional dos Advogados (*International Bar Association*) emitiu orientações específicas para advogados de empresas para que observassem, no patrocínio dos interesses de suas clientes, a devida diligência em direitos humanos.[9]

Maurício Cunha, Diretor de Programas da Secretaria Nacional de Proteção Global, e Sérgio Augusto de Queiroz, Secretário Nacional de Proteção Global, prefaciam a Cartilha, consignando a estreita relação entre os POs e os Objetivos de Desenvolvimento Sustentável – ODS, no que diz respeito ao caráter não optativo do respeito aos direitos humanos pelas empresas e do dever do Estado de protegê-los:

> Os princípios são o resultado de vários anos de pesquisa junto a diversos *stakeholders*, incluindo empresas, associações empresariais, sociedade civil e governos, em todo o mundo.

---

9. BRASIL. Ministério da Mulher, da Família e dos Direitos Humanos. *Princípios orientadores sobre empresas e direitos humanos: implementando os parâmetros "proteger, respeitar e reparar" das Nações Unidas*. [2011]. Disponível em: https://www.gov.br/mdh/pt-br/assuntos/noticias/2019/outubro/Cartilha_versoimpresso.pdf. Acesso em: 14 nov. 2023. p. 9.

Eles não criam direitos novos, mas orientam Estados e empresas diante de direitos humanos já internacionalmente reconhecidos, e possuem estreita relação com os ODS – Objetivos de Desenvolvimento Sustentável, constituindo parte da agenda prioritária mundial. Desta forma, eles fornecem a base para o fortalecimento das ações de Conduta Empresarial Responsável, que vão muito além da antiga noção de Responsabilidade Social Empresarial, muito atrelada a ações filantrópicas e voluntárias por parte das corporações, e muitas vezes dissociadas das suas próprias cadeias de fornecimento.

Na nova ordem global, em que as empresas possuem um papel cada vez mais protagonista e de influência na sociedade, o tema da relação entre as corporações e os direitos humanos assume uma importância ainda mais relevante na garantia da implementação e proteção desses direitos. Segundo os POs, os Estados devem estabelecer uma agenda de construção de políticas públicas voltadas à prevenção e, quando necessário, à remediação dos impactos adversos dos negócios nos direitos humanos. As empresas, por sua vez, têm a responsabilidade de se abster de violar direitos humanos, enfrentar os impactos negativos de suas atividades, adotando medidas adequadas para prevenir, mitigar, e, se necessário, reparar eventuais danos que tenha causado ou para as quais tenha contribuído. Além disso, devem ser criados mecanismos acessíveis e eficientes de reparação de violações cometidas.[10]

Este marco é composto por três pilares fundamentais: o dever do Estado de proteger, a responsabilidade corporativa de respeitar e o acesso à reparação. Estes princípios servem como um conjunto de diretrizes, para que empresas e Estados atuem de maneira ética e responsável, no que diz respeito aos direitos humanos.

O primeiro pilar estabelece que é dever do Estado proteger os indivíduos contra violações de direitos humanos por terceiros, incluindo empresas. Este pilar ressalta a necessidade de os governos, no âmbito de sua soberania, criarem um ambiente normativo adequado para garantir o respeito aos direitos humanos. Isso pode ser feito por meio de legislações, políticas e práticas que regulem as atividades das empresas em seu território.

A responsabilidade corporativa de respeitar consiste no segundo pilar e determina que as empresas têm a responsabilidade de respeitar os direitos humanos, o que significa agir com diligência para evitar violações e abusos (devida diligência em direitos humanos). Este aspecto vai além da mera conformidade com as leis locais e exige que as empresas realizem uma gestão eficaz de riscos, levando em consideração seu impacto sobre os direitos humanos em todas as operações, sejam elas domésticas ou internacionais.

Finalmente, o acesso à reparação é o terceiro pilar e ressalta a importância de as vítimas de violações de direitos humanos terem acesso a mecanismos efi-

---

10. BRASIL. Ministério da Mulher, da Família e dos Direitos Humanos. Princípios orientadores sobre empresas e direitos humanos: implementando os parâmetros "proteger, respeitar e reparar" das Nações Unidas. [2011]. Disponível em: https://www.gov.br/mdh/pt-br/assuntos/noticias/2019/outubro/Cartilha_versoimpresso.pdf. Acesso em: 14 nov. 2023. p. 9.

cazes de reparação. Isso inclui tanto mecanismos judiciais como extrajudiciais, que proporcionam caminhos para que as vítimas busquem reparação e justiça.

Esses princípios representam uma tentativa abrangente de criar um padrão internacional para lidar com o impacto das atividades empresariais sobre os direitos humanos que concitam os Estados a estruturarem, no âmbito de sua estrutura de poder, abrangendo o executivo, legislativo e judiciário, órgãos e mecanismos para a tutela dos direitos humanos.

3.4 OBJETIVOS DE DESENVOLVIMENTO SUSTENTÁVEL 2020-2030

A proteção dos direitos humanos tem por essência a tutela da dignidade da pessoa humana, onde a função do Estado não se resume ao campo jurisdicional, mas se magnifica no exercício do poder para a implementação de políticas públicas voltadas à promoção desses direitos.

Os Objetivos de Desenvolvimento Sustentável (ODS)[11] foram adotados pelas Nações Unidas, em setembro de 2015, como parte da Agenda 2030 para o Desenvolvimento Sustentável. A Agenda 2030 sucede os Objetivos de Desenvolvimento do Milênio (ODM), que vigoraram de 2000 a 2015.

Os ODS são compostos por 17 objetivos e 169 metas que visam a orientar ações de desenvolvimento em âmbito global até 2030, e abordam aspectos sociais, ambientais e econômicos.

A concepção dos ODS é fruto de consultas e negociações extensas que envolveram diversos *stakeholders*, incluindo governos, sociedade civil e setor empresarial.

Os objetivos englobam temas como erradicação da pobreza, segurança alimentar, saúde, educação, igualdade de gênero, água limpa, energia, trabalho decente, industrialização, redução das desigualdades, cidades sustentáveis, produção e consumo responsáveis, ação contra a mudança global do clima, conservação da vida marinha e terrestre, paz e justiça e parcerias para o desenvolvimento.

O Brasil tem desempenhado um papel ativo na formulação e implementação dos ODS. A Agenda 2030 foi integrada ao planejamento nacional por meio de diversos instrumentos, como o Plano Plurianual (PPA) e políticas setoriais.

No âmbito do governo federal, a Comissão Nacional para os Objetivos de Desenvolvimento Sustentável, criada em 2016, é o órgão responsável por

---

11. NAÇÕES UNIDAS. *Transformando Nosso Mundo: a* Agenda 2030 para o Desenvolvimento Sustentável. Resolução A/RES/70/1, 2015. Disponível em: https://brasil.un.org/sites/default/files/2020-09/agenda2030-pt-br.pdf. Acesso em: 15 nov. 2023.

internalizar e acompanhar a implementação dos ODS no país. Esta comissão é composta por membros do governo federal, estados, municípios e representantes da sociedade civil.

No Poder Judiciário, o Conselho Nacional de Justiça, órgão responsável pelo controle administrativo e correcional do Poder Judiciário,[12] adotou os objetivos da Agenda 2030 pelo "Pacto Pela Implementação dos Objetivos de Desenvolvimento Sustentável da Agenda 2030 no Poder Judiciário e Ministério Público", subscrito pelas referidas instituições e a Organização das nações Unidas, em 19 de agosto de 2019.[13]

Ao fazê-lo, reafirmou em seus *consideranda* a missão institucional do Poder Judiciário em implementar mecanismos concretizadores do princípio constitucional do amplo acesso à Justiça, a igualdade de gênero, a prevenção de conflitos, o combate às desigualdades, a proteção das liberdades fundamentais, o respeito ao direito de todos e a paz social. Denota-se, portanto, a estreita relação e inter-relacionamento entre o Pacto e os Princípios Orientadores sobre empresas e direitos humanos.

Na mesma data, A Corregedoria Geral de Justiça do Conselho Nacional de Justiça incorporou os ODS à atividade correcional judicial e extrajudicial pelo Provimento nº 85/2019.[14]

A Resolução nº 325, de 29/06/2020, do Conselho Nacional de Justiça, contemplou os ODS da Agenda 2030, na Estratégia Nacional do Poder Judiciário 2021-2026, determinando em seu artigo 3º, § 2º que:

> Na elaboração dos seus planos estratégicos, os tribunais e conselhos deverão se pautar pelas diretrizes estabelecidas em Resoluções, Recomendações e políticas judiciárias nacionais instituídas pelo CNJ para concretização da Estratégia Nacional do Poder Judiciário 2021-2026 e, no que couber, pelos Objetivos de Desenvolvimento Sustentável da Agenda 2030 da ONU, conforme correlação apresentada no Anexo III desta Resolução.[15]

A norma do Conselho Nacional de Justiça, que instituiu a Política de Gestão da Inovação no âmbito do Poder Judiciário,[16] previu como um dos princípios da

---

12. As atribuições do Conselho Nacional de Justiça estão elencadas no artigo 103-B, § 4º da Constituição Federal – https://www.planalto.gov.br/ccivil_03/constituicao/constituicao.htm.
13. CONSELHO NACIONAL DE JUSTIÇA. *Pacto Pela Implementação dos Objetivos de Desenvolvimento Sustentável da Agenda 2030 no Poder Judiciário e Ministério Público*. Disponível em: https://www.cnj.jus.br/wp-content/uploads/2019/09/578d5640079e4b7cca5497137149fa7f.pdf. Acesso em: 14 nov. 2023.
14. Provimento nº 85, de 19 de agosto de 2019, da Corregedoria Nacional de Justiça. Disponível em: atos.cnj.jus.br/atos/detalhar/2988.
15. CONSELHO NACIONAL DE JUSTIÇA. *Resolução nº 325 de 29/06/2020*. Dispõe sobre a Estratégia Nacional do Poder Judiciário 2021-2026 e dá outras providências. Disponível em: https://atos.cnj.jus.br/atos/detalhar/3365. Acesso em: 14 nov. 2023.
16. Resolução nº 395, de 07 de junho de 2021, do Conselho Nacional de Justiça. Disponível em: https://atos.cnj.jus.br/atos/detalhar/3973.

gestão da inovação no Poder Judiciário o desenvolvimento sustentável, consistente no desenvolvimento econômico-social com a preservação da qualidade do meio ambiente e do equilíbrio ecológico, alinhado aos Objetivos de Desenvolvimento Sustentável – Agenda 2030.[17]

Várias dessas metas têm implicações diretas ou indiretas para empresas transnacionais de tecnologia da informação, como Microsoft, Apple, Amazon, Google e Meta. Com base nas diretrizes do Conselho Nacional de Justiça (CNJ) do Brasil, podemos identificar os seguintes ODS que se relacionam de forma mais direta com essas empresas.[18]

O ODS 8 – Trabalho Decente e Crescimento Econômico – reconhece que as empresas transnacionais de tecnologia da informação desempenham um papel crucial no desenvolvimento de infraestruturas e na criação de empregos, de modo que questões relacionadas a trabalho decente, como a terceirização e as condições de trabalho em cadeias de fornecimento, são tópicos de constante escrutínio.[19]

A tecnologia da informação é central para inovação e o desenvolvimento industrial. Nesse sentido, o ODS 9 – Indústria, Inovação e Infraestrutura – atenta ao fato de que as empresas transnacionais de tecnologia da informação são identificadas como líderes em pesquisa e desenvolvimento, ao passo que enfrentam críticas sobre questões como a "obsolescência programada".[20]

Redução das Desigualdades é o tema do ODS 10,[21] e identifica o fato de que o acesso à tecnologia pode ampliar ou reduzir desigualdades. Nesse sentido, políticas de preço e acessibilidade são áreas onde essas empresas têm responsabilidade e impacto significativos.

A ODS 12 – Consumo e Produção Responsáveis[22] – alcança as empresas transnacionais de tecnologia da informação no que concerne à crescente pressão para adotar práticas sustentáveis, desde o *design* até o descarte de produtos eletrônicos. Uma constatação recente do impacto da adoção da Agenda 2030 em continente europeu, por exemplo, consiste na modificação da porta de conexão exclusiva do carregador dos iPhones, denominada *Lighting,* para um formato universalmente utilizado, o USB-C. Na senda da agenda de sustentabilidade adotada pela empresa, anos atrás, a Apple anunciou que deixaria de incluir fones

---

17. Artigo 3º, VIII da Resolução nº 395, de 07 de junho de 2021, do Conselho Nacional de Justiça.
18. Os 17 Objetivos de Desenvolvimento Sustentável – ODS e suas 169 metas correlatas da Agenda 2030 da ONU estão disponíveis em: https://brasil.un.org/pt-br/sdgs.
19. Trabalho decente e crescimento econômico – https://brasil.un.org/pt-br/sdgs/8.
20. Indústria, Inovação e Infraestrutura – https://brasil.un.org/pt-br/sdgs/9.
21. Redução das Desigualdades – https://brasil.un.org/pt-br/sdgs/10.
22. Consumo e Produção Responsáveis – https://brasil.un.org/pt-br/sdgs/12.

de ouvido nas embalagens do iPhone a partir da linha iPhone 12, lançada em outubro de 2020. A decisão foi parte de uma estratégia mais ampla da empresa para reduzir o impacto ambiental de seus produtos. A empresa argumentou que a remoção desses acessórios contribuiria para reduzir as emissões de carbono, diminuir o desperdício de materiais e otimizar a logística de transporte, alinhando-se, assim, com práticas de sustentabilidade.

A ética aplicada à governança corporativa é o tema central do ODS 16 – Paz e Justiça Instituições Eficazes.[23] O aspecto da eficácia guarda, por sua vez, íntima relação com questões de privacidade e proteção de dados pessoais, na medida em que as empresas transnacionais de tecnologia da informação são as maiores controladoras de dados pessoais do globo e, nessa condição, possuem inigualável responsabilidade e *accountability* no tratamento desses dados.

Finalmente, o ODS 17 – Parcerias e Meios de Implementação[24] – é a intersecção entre as empresas transnacionais de tecnologia da informação e o poder público, a corroborar os Princípios Orientadores sobre Empresas e Direitos Humanos, no sentido de exigir a colaboração entre o setor público e privado como sendo vital para alcançar os ODS.

3.5 ANÁLISE CRÍTICA DO SISTEMA GLOBAL DE PROTEÇÃO

A desidratação do poder político dos estados soberanos decorreu da adoção do capitalismo como modo de produção modelo, após a derrocada do modelo socialista clássico em seus países de maior representatividade, iniciado com a queda do muro de Berlim, em 1989.

No mercado global capitalista, impôs-se o correspondente aumento de poder das empresas transnacionais que, baseadas em uma nova *lex mercatória*,[25] impuseram, pela força do poder econômico, suas próprias regras de atuação, independentemente do país onde desempenham suas atividades, concentrando poder equivalente às maiores democracias do mundo.

O sistema global de proteção dos direitos humanos, aqui tratado sob o recorte do direito à proteção de dados pessoais em coexistência com a atuação

---

23. Paz, Justiça e Instituições Eficazes – https://brasil.un.org/pt-br/sdgs/16.
24. Parcerias e Meios de Implementação – https://brasil.un.org/pt-br/sdgs/17.
25. "O processo de normatização do comércio internacional experimenta nos dias de hoje movimento espiral contínuo, que varia da autorregulação do comércio pelo próprio mercado à regulação do comércio pelo Estado" (VIDIGAL, Erick. A *Lex mercatoria* como fonte do direito do comércio internacional e a sua aplicação no Brasil. *Revista de Informação Legislativa*, v. 47, n. 186, p. 171-193, abr./jun. 2010. Disponível em: https://www2.senado.leg.br/bdsf/item/id/198681. Acesso em: 14 nov. 2023. p. 176).

das empresas transnacionais de tecnologia da informação, tem a aptidão de funcionar como um referencial ético e jurídico para que o desempenho da atividade econômica nessa escala e com tais características, observada a retração do poder governamental, observe o respeito aos direitos humanos.

Conforme pontificam Benacchio e Moura Ribeiro, "Os direitos humanos são um dos institutos jurídicos de melhor aptidão e eficiência para estabelecer o regramento dos comportamentos das empresas transnacionais de molde a permitir o desenvolvimento humano por meio do trabalho, produção de bens e riqueza para toda sociedade".[26]

O desempenho da atividade econômica pautado pela preponderância das regras de mercado, num sistema autorregulado, tem demonstrado sua insuficiência em coexistir com o direito de proteção de dados pessoais, um direito humano e fundamental.

Toma-se, por exemplo, os repetidos e catastróficos incidentes de vazamentos de dados pessoais e dados sensíveis sob controle das maiores empresas transnacionais de tecnologia da informação. Em cada uma das centenas de países afetados por tal violação de direitos humanos, o tratamento é diverso, porém, predominantemente, ineficiente, do ponto de vista da reparação, e ineficaz, do ponto de vista da sanção, haja vista o poder econômico quase inabalável das empresas do setor.

É nesse contexto que os Princípios Orientadores sobre Empresas e Direitos Humanos se inserem no sistema global de proteção de direitos humanos, como balizas para contemporizar a assimetria de poder entre estados soberanos e empresas transnacionais, em prol da preservação dos direitos humanos.

Não obstante, o sistema global de proteção baseado nos POs padece de deficiências que o distanciam de ser um sistema autossuficiente para a proteção dos direitos humanos.

A primeira crítica irrogada refere-se ao seu caráter voluntário e à sua não impositividade às empresas, sobretudo no que se refere às declarações e tratados de direitos humanos. Nesse contexto, conclui-se que o modelo amplia a assimetria de poder, na medida em que os estados soberanos se encontram jungidos às balizas dos POs, nos aspectos de "proteger" e "reparar", advindo das próprias disposições constitucionais de compromisso com a proteção dos direitos humanos

---

26. BENACCHIO, Marcelo; MOURA RIBEIRO, Paulo Dias de. As empresas transnacionais e os Princípios Orientadores sobre empresas e direitos humanos da Organização das Nações Unidas. *Relações Internacionais no Mundo Atual*, Curitiba, v. 2, n. 35, p. 277-295, 2022. DOI http://dx.doi.org/10.21902/Revrima.v2i35.5894. Disponível em: https://revista.unicuritiba.edu.br/index.php/RIMA/article/view/5894. Acesso em: 14 nov. 2023. p. 289.

em seus respectivos ordenamentos jurídicos, enquanto as empresas internalizam a responsabilidade de "respeitar" os direitos humanos apenas como uma recomendação e, na maior parte das vezes, a ignoram.

Soma-se à crítica da frágil aderência aos POs imposta às empresas a inexistência de uma autoridade no espaço transnacional dotada de poderes fiscalizatórios, regulatórios e sancionatórios com alcance às empresas transnacionais.

Sublinhe-se que a ONU possui ingerência, ainda que relativa, somente sobre uma das partes da relação, qual seja, os estados soberanos, mas não guarda qualquer autoridade sobre as empresas.

Nesse aspecto, a crítica ao sistema global de proteção de direitos humanos aborda a falta de previsão de uma instituição internacional para controle regulatório das empresas transnacionais em situações de ameaça ou efetiva violação aos direitos humanos, diversamente do que ocorre em relação aos estados soberanos que se submetem, nesse sistema, à jurisdição da Corte Internacional de Justiça.

É possível concluir que o sistema global de proteção de direitos humanos clama, por assim dizer, pela assistência dos estados soberanos vinculados às Nações Unidas para que, no âmbito territorial de suas soberanias, exercessem o poder regulador das relações empresariais que ameaçassem ou violassem direitos humanos, cumprindo a missão de "proteger" e "reparar", e certificando-se de que as empresas transnacionais cumprissem a obrigação de "respeitar" os direitos humanos, conforme preconizam os Princípios Orientadores.

Porém, até mesmo essa missão atribuída às nações soberanas encontra restrições nos limites territoriais do poder estatal. Derradeira crítica se deita sobre a timidez dos Princípios Orientadores, ao apontar a ausência do estabelecimento de obrigações extraterritoriais dos Estados por violações de direitos humanos praticados por atos das empresas situadas em seu territórios em terceiros países. Se assim o fosse, haveria espaço para a responsabilização da empresa transnacional em seu país sede por atos praticados, em outro país, por suas filiais, coligadas ou empresas com as quais mantenham relacionamento econômico ou comercial para produção e distribuição de bens e serviços.

Conclui-se que o sistema global de proteção de direitos humanos, caracterizado pelo perfil de *soft law*, não possui a impositividade, o alcance ou os mecanismos de *enforcement* suficientes para conferir aos direitos humanos a guarida que lhes demandam seu caráter universal e inerente à pessoa humana, necessitando, pois, que cada um dos estados soberanos detenha, nos limites de sua soberania, de recursos legislativos, executivos e jurisdicionais capazes de proteger e reparar ameaças ou violações aos direitos humanos, fazendo que as empresas sediadas ou atuantes em seu território observem o dever de respeito a esses mesmos direitos.[27]

---

27. BENACCHIO, Marcelo; MOURA RIBEIRO, Paulo Dias de. As empresas transnacionais e os Princípios Orientadores sobre empresas e direitos humanos da Organização das Nações Unidas. *Relações Internacionais no Mundo Atual*, Curitiba, v. 2, n. 35, p. 277-295, 2022. DOI http://dx.doi.org/10.21902/Revrima.v2i35.5894. Disponível em: https://revista.unicuritiba.edu.br/index.php/RIMA/article/view/5894. Acesso em: 14 nov. 2023. p. 290.

4
SISTEMA REGULATÓRIO INTERNO DE PROTEÇÃO DE DADOS PESSOAIS

A proteção de dados pessoais é direito humano e, nessa condição, tem amparo em um sistema global de proteção de direitos humanos. Essa proteção, contudo, possui um caráter de observância não obrigatória às empresas, que consiste em uma norma de *soft law*, e prescinde de uma instituição internacional para controle regulatório das empresas transnacionais, e encontra, portanto, o limite de atuação de um poder estatal na delimitação territorial de cada um dos Estados soberanos.

É nesse cenário que sobressai a importância de atuação de cada uma das nações que, no exercício da soberania circunscrita aos seus limites territoriais, exerce o papel da efetiva reparação de direitos humanos ameaçados ou violados, por meio de seus respectivos sistemas regulatórios.

O regime legal de proteção de dados pessoais em estados soberanos observa, como regra, a existência de uma legislação ordinária, geralmente fundamentada na Constituição, que forma um arcabouço jurídico que tem por escopo estabelecer os contornos da regulação do tratamento de dados pessoais em determinada sociedade.

Trata-se de expressão da soberania estatal materializada no exercício da prerrogativa do Estado intervir legal, administrativa e judicialmente no processamento de dados, não de modo a impedir ou dificultar o tratamento de dados pessoais, pelo sigilo ou controle estatal, mas de estabelecer, segundo preconiza Helen Nissenbaum,[1] um fluxo informacional adequado, conforme normas informacionais orientadas pelos contextos sociais, que objetivam a preservação dos direitos fundamentais consagrados na Carta Magna que, em última análise, expressam direitos humanos.

---

1. O conceito de privacidade contextual e adequado fluxo informacional é tratado na obra: NISSENBAUM, Helen. *Privacy in context*: technology, policy, and the integrity of social life. Stanford: Stanford Law books, 2010. p. 129-127.

Para além do controle do Estado sobre o indivíduo, a sociedade ou a economia, a regulação interna da proteção de dados pessoais visa ao controle dos próprios órgãos que realizam tratamento de dados pessoais.

4.1 MODELOS REGULATÓRIOS DE PROTEÇÃO DE DADOS PESSOAIS

Ryan Moshell pontifica haver quatro modelos regulatórios, em termos de proteção de dados pessoais, que podem figurar em determinado ordenamento de modo exclusivo, complementar ou até de modo contraditório, conforme sua aplicação.

Segundo o autor, existe o modelo compreensivo, que estabelece leis gerais de proteção aos dados pessoais, aplicáveis tanto ao setor público como ao privado; o modelo setorial, que tem por escopo setores específicos que demonstraram ser especialmente lesivos; o modelo de autorregulação, que prevê o estabelecimento de condutas e fiscalização mútuas pelas empresas e indústrias; e o modelo de uso de tecnologias de proteção da privacidade (*privacy tech*), que são utilizadas pelo próprio indivíduo, permitindo-lhe gerenciar a cessão e distribuição de seus dados pessoais.[2]

A União Europeia optou pela regulamentação compreensiva, sendo que o Regulamento nº 2016/679 – Regulamento Geral de Proteção de Dados (RGPD) da União Europeia – seria um exemplo de adesão exata a este modelo. Por outro lado, os Estados Unidos da América optaram por um modelo híbrido, que possui aspectos da regulação setorial e autorregulatória.

Julia Fromholz aponta que os estados-membros da União Europeia foram impulsionados a regular o uso de dados pessoais de forma exaustiva, tendo por referencial a Diretiva nº 95/46/CE, até que o advento do RGPD sintetizou numa única norma o regime jurídico do tratamento de dados pessoais aplicável a todas as nações da Comunidade Europeia.[3]

Nos Estados Unidos, inspirado pelos ideais liberais, o governo se absteve de produzir norma única, restringindo-se a regular somente determinados setores da economia e da indústria, relegando a associações e empresas a tarefa de se autorregularem.

---

2. MOSHELL, Ryan. And there was one: the outlook for a self-regulatory United States amidst a global trend toward comprehensive data protection. *Texas Tech Law Review*, v. 37, p. 366-367, 2005.
3. FROMHOLZ, Julia M. The European Union data privacy directive. *Berkeley Technology Law Journal*, v. 15, n. 1, p. 461, 2000. DOI https://doi.org/10.15779/Z383D48. Disponível em: https://lawcat.berkeley.edu/record/1117206. Acesso em: 14 nov. 2023.

John O' Quinn explica essa abordagem diametralmente oposta pela diferença cultural entre os continentes, já que os americanos tendem a possuir maior desconfiança do governo e maior estima ao mercado e à tecnologia.[4]

No Brasil, antes mesmo da Constituição Federal de 1988 consagrar a tutela da privacidade no seleto rol de direitos fundamentais, ou ainda, da Lei nº 13.709/2018 trazer ao ordenamento jurídico pátrio a Lei Geral de Proteção de Dados Pessoais, havia leis setoriais que tratavam da proteção de dados pessoais. Nesse cenário, é possível afirmar que adotamos um sistema regulatório híbrido, compreensivo e setorial.

4.2 PROTEÇÃO DE DADOS COMO DIREITO HUMANO E FUNDAMENTAL

A inviolabilidade da vida privada, no âmbito familiar, no seu lar ou na sua correspondência, que coloca o indivíduo a salvo de ataques à sua honra e reputação, é um direito humano que decorre diretamente dos princípios basilares da dignidade da pessoa humana e da igualdade, expressos nos princípios maiores da liberdade, da justiça e da paz mundial.

O preceito consta do artigo 12 da Declaração Universal dos Direitos Humanos,[5] adotada e proclamada pela Assembleia Geral das Nações Unidas em 10 de dezembro de 1948, imediatamente após a Segunda Guerra Mundial, e consagra a privacidade, em seus mais evidentes matizes – a vida privada, a honra, a imagem e o sigilo – como um direito universal inerente à condição humana, um direito humano.

O Brasil, juntamente de outros países membros da ONU, assinou e ratificou a Declaração na data de sua proclamação, passando a contemplar como direitos fundamentais os diversos aspectos do direito à privacidade, pela primeira vez, somente na Constituição de 1988, pois, anteriormente, a Constituição de 1824 tratava das "Garantias dos Direitos Civis e Políticos dos Cidadãos Brasileiros", ao passo que a Constituição de 1891 continha simplesmente a expressão "Declaração de Direitos" como epígrafe da Secção II, integrante do Título IV (Dos cidadãos brasileiros).

A Constituição de 1934 utilizou de forma inédita a expressão "Direitos e Garantias Individuais", mantida nas Constituições de 1937 e de 1946 (inte-

---

4. O'QUINN, John C. None of your business. *Harvard Journal of Law & Technology*, v. 12, n. 3, p. 683-687, 1999.
5. ORGANIZAÇÃO DAS NAÇÕES UNIDAS. *Declaração Universal de Direitos Humanos*. 1948. Disponível em: https://www.unicef.org/brazil/declaracao-universal-dos-direitos-humanos. Acesso em: 14 nov. 2023.

grando o Título IV da Declaração de Direitos), bem como na Constituição de 1967, inclusive após a Emenda 1, de 1969, que integrou o Título da Declaração de Direitos.

Luiz Alberto David Araújo trata da multiplicidade terminológica atribuída aos Direitos Fundamentais, ora sob a denominação de Direitos Humanos, outras como liberdades públicas, ou ainda como direitos públicos subjetivos, pontificando que "qualquer opção terminológica deve guardar o objetivo de melhor refletir a relação de correspondência sígnica entre a expressão eleita e a realidade que por ela se pretende traduzir", e acrescenta que "Fincado nesse pressuposto, deve-se ter em mente que essa opção só pode ser adequadamente realizada ante a delimitação do conjunto normativo que se pretende por ela exteriorizado".[6]

No que se refere ao conceito de direitos humanos, o autor ensina:

> A denominação Direitos do Homem ou Direitos Humanos acumularam, ao longo da história, um significado próprio e distinto do que se pretende apontar. A locução indica predicados inerentes à natureza humana e, enquanto tais, independentes de um sistema jurídico específico, mas de uma dimensão ingênita e universalista.[7]

Por outro lado, David Araújo reafirma:

> Logo, repete-se, o termo 'direitos fundamentais' afigura-se como o único apto a exprimir a realidade jurídica precitada, pois que, cogitando-se de direitos, alude-se a posições subjetivas do indivíduo, reconhecidas em determinado sistema jurídico e, desta feita, passíveis de reivindicação judicial. O adjetivo "fundamentais" traduz, por outro ponto, a inerência desses direitos à condição humana, exteriorizando, por conseguinte, o acúmulo evolutivo dos níveis de alforria do ser humano.
>
> Não é ocioso registrar, à guisa de arremate, que o termo também se mostra conveniente por razões de ordem prática: foi o adotado pelo nosso direito constitucional positivo.[8]

Para o propósito do presente estudo, é curial se estabelecer a origem do direito à proteção de dados pessoais como um direito humano, para que a ele se atribua tanto a proteção regulatória das declarações e tratados internacionais, merecedor de fiscalização pelos organismos internacionais de governança, como a Organização das Nações Unidas e seus órgãos auxiliares, quanto à proteção regulatória do ordenamento jurídico brasileiro, na qualidade de direito fundamental.

---

6. ARAÚJO, Luiz Alberto David; NUNES JÚNIOR, Vidal Serrano. *Curso de direito constitucional*. 23. ed. rev. e atual. São Paulo: Manole, 2021. p. 135.
7. Ibidem, p. 136.
8. Ibidem, p. 169.

Ingo Wolfgang Sarlet ressalta que, ainda que sejam tratados como sinônimos, possuem clara distinção quanta à origem e eficácia, mas tendentes a um gradual processo de aproximação e harmonização.[9]

Como "direitos humanos", segue sendo a expressão mais difundida, sobretudo nas ciências não jurídicas, por contemplar um espectro mais amplo, ligado às diversas manifestações da existência humana constantes de normas e declarações internacionais, cuja eficácia varia conforme o comprometimento de cada nação, os "direitos fundamentais", são aqueles que, não necessariamente originados como um direito humano,[10] por sua proeminência num determinado ordenamento jurídico, ocupam um quadrante especial na Constituição, que lhes confere autoaplicabilidade diretamente extraída da lei maior, garantidos por meios igualmente robustos, como as ações constitucionais e impõem um limite material ao poder constituinte derivado, também chamado "direito pétreo".

Robert Alexy ensina que direitos fundamentais podem ser definidos como aquelas posições que, do ponto de vista do direito constitucional, são tão relevantes, que seu reconhecimento ou não reconhecimento não pode ser deixado à livre disposição do legislador ordinário.[11]

Baseando-se nesse conceito, Ingo Wolfgang Sarlet conceitua direitos fundamentais:

> Direitos fundamentais são, portanto, todas aquelas posições jurídicas concernentes às pessoas, que, do ponto de vista do direito constitucional positivo (na ótica do Constituinte), foram, por seu conteúdo e importância, integradas – de modo expresso ou implícito, bem como por força da abertura material do catálogo constitucional (art. 5º, § 2º, CF) – à Constituição formal e/ou material, além de subtraídas à plena disposição dos poderes constituídos, porquanto dotadas de um regime jurídico qualificado e reforçado.[12]

---

9. SARLET, Ingo Wolfgang. Conceito de direitos e garantias fundamentais. In: NUNES JÚNIOR, Vida Serrano et al. (Coord.). *Enciclopédia Jurídica da PUCSP*. São Paulo: Pontifícia Universidade Católica de São Paulo, 2017, t. II, fls. 14. Disponível em: https://enciclopediajuridica.pucsp.br/verbete/67/edicao-2/conceito-de-direitos-e-garantias-fundamentais. Acesso em: 14 nov. 2023.
10. O autor cita o saúde e o direito dos trabalhadores que, a despeito da fundamentalidade de ambos para a vida e dignidade da pessoa humana, não possuem origem em declarações ou normas de direitos humanos e ainda assim são alçados à categoria de direitos fundamentais apenas em alguns ordenamentos jurídicos. (Sarlet, ref. 171, p. 22).
11. ALEXY, Robert. *Theorie der Grundrechte*, p. 407 apud SARLET, Ingo Wolfgang. *Conceito de direitos e garantias fundamentais*. In: NUNES JÚNIOR, Vida Serrano et al. (Coord.). *Enciclopédia Jurídica da PUCSP*. São Paulo: Pontifícia Universidade Católica de São Paulo, 2017. t. II. Disponível em: https://enciclopediajuridica.pucsp.br/verbete/67/edicao-2/conceito-de-direitos-e-garantias-fundamentais. Acesso em: 14 nov. 2023.
12. SARLET, Ingo Wolfgang. *Conceito de Direitos e Garantias Fundamentais*. In: NUNES JÚNIOR, Vida Serrano et al. (Coord.). *Enciclopédia Jurídica da PUCSP*. São Paulo: Pontifícia Universidade Católica de São Paulo, 2017, t. II, fls. 23. Disponível em: https://enciclopediajuridica.pucsp.br/verbete/67/edicao-2/conceito-de-direitos-e-garantias-fundamentais. Acesso em: 14 nov. 2023.

A Constituição Federal de 1988 traz, como um dos fundamentos da República Federativa do Brasil, a dignidade da pessoa humana,[13] e declara pautar-se nas relações internacionais pela prevalência dos direitos humanos.[14]

Alberga sob o título "Dos direitos e garantias fundamentais" os direitos relacionados ao direito à privacidade, dentre os demais constantes da Declaração Universal de Direitos Humanos.

Nessa condição, consagra os direitos de inviolabilidade da intimidade, da vida privada, da honra e da imagem das pessoas, assegurado o direito à indenização pelo dano material ou moral decorrente de sua violação;[15] de inviolabilidade do domicílio, salvo consentimento do morador, em caso de flagrante delito, ou desastre, ou para prestar socorro, ou durante o dia, por determinação judicial;[16] de inviolabilidade do sigilo de correspondência e das comunicações telegráficas, de dados, e das comunicações telefônicas, salvo no último caso, por ordem judicial, nas hipóteses e na forma que a lei estabelecer para fins de investigação criminal ou instrução processual penal.[17]

Para assegurar a plena efetividade desses direitos, confere ao indivíduo a garantia instrumental do *habeas data*, para assegurar o conhecimento de informações relativas à pessoa do impetrante, constantes de registros ou bancos de dados de entidades governamentais ou de caráter público; ou para a retificação de dados, quando não se prefira fazê-lo por processo sigiloso, judicial ou administrativo.[18]

Denota-se que a Constituição Cidadã sofreu auspiciosa influência europeia ao incorporar, no rol de direitos fundamentais, o remédio constitucional do *habeas data* para tutelar "informações relativas à pessoa" constante de registros ou bancos de dados de entidades governamentais ou de caráter público.

Com efeito, a Convenção nº 108 do Conselho da Europa (Convenção de Estrasburgo), ocorrida em 1981, cuidou da regulação do tratamento automatizado de dados pessoais, enquanto, no ano de 1982, o célebre julgamento sobre a "Lei do Recenseamento da População, Profissão, Moradia e Trabalho" pelo Tribunal Constitucional alemão declarou como um direito subjetivo fundamental a autodeterminação informativa, atribuindo ao indivíduo a possibilidade de conhecer

---

13. BRASIL. *Constituição da República Federativa do Brasil de 1988*. Disponível em: https://www.planalto.gov.br/ccivil_03/constituicao/constituicao.htm. Acesso em: 14 nov. 2023. (título, art. 1º, inc. III).
14. BRASIL. *Constituição da República Federativa do Brasil de 1988*. Disponível em: https://www.planalto.gov.br/ccivil_03/constituicao/constituicao.htm. Acesso em: 14 nov. 2023. (título I, art. 4º, inc. II).
15. BRASIL. *Constituição da República Federativa do Brasil de 1988*. Disponível em: https://www.planalto.gov.br/ccivil_03/constituicao/constituicao.htm. Acesso em: 14 nov. 2023. (título I, art. 5º, inc. X).
16. Ibidem, título I, art. 5º, inc. XI.
17. Ibidem, título I, art. 5º, inc. XII.
18. BRASIL. *Constituição da República Federativa do Brasil de 1988*. Disponível em: https://www.planalto.gov.br/ccivil_03/constituicao/constituicao.htm. Acesso em: 14 nov. 2023. (título I, art. 5º, inc. LXXII).

e posicionar-se a respeito do tratamento de seus dados pessoais. O *habeas data* destina-se a instrumentalizar a tutela da privacidade no âmbito dos bancos de dados públicos ou de caráter público.

No contexto da nova economia, cuja força motriz está baseada na coleta massiva e no tratamento de dados pessoais, a crescente preocupação mundial em tutelar a privacidade pela proteção de dados pessoais resultou na contemplação do direito à proteção de dados pessoais como um direito fundamental pelo artigo 8º da Carta de Direitos Fundamentais da União Europeia, no ano 2000.[19]

No âmbito do Sistema Interamericano de proteção de direitos humanos, na Declaração de Santa Cruz de La Sierra, documento final da XIII Cumbre Ibero-Americana de Chefes de Estado e de Governo, firmada pelo governo brasileiro em 15 de novembro de 2003, encontra-se consignada uma menção ao caráter de direito fundamental da proteção de dados pessoais.[20]

Internamente, a promulgação da Lei nº 13.709/2018, a Lei Geral de Proteção de Dados Pessoais, inaugurou as discussões no âmbito legislativo a respeito da constitucionalização do direito à proteção de dados, dando ensejo à Proposta de Emenda Constitucional nº 17/2019 para tal finalidade.[21]

4.2.1 O Julgamento da ADI nº 6.393/2020

Antes, porém, que percorresse solene processo legislativo, o Supremo Tribunal Federal reconheceu a proteção de dados pessoais e a autodeterminação informativa como direitos fundamentais autônomos extraídos da garantia da inviolabilidade da intimidade e da vida privada e, consectariamente, do princípio da dignidade da pessoa humana, no julgamento da Ação Direta de Inconstitucionalidade nº 6.393/2020.

---

19. JORNAL OFICIAL DAS COMUNIDADES EUROPEIAS. Parlamento Europeu, Conselho e Comissão. *Carta de Direitos Fundamentais da União Europeia*. 18 dez. 2000. Disponível em: https://www.europarl.europa.eu/charter/pdf/text_pt.pdf. Acesso em: 14 nov. 2023.
20. "Estamos também conscientes de que a protecção de dados pessoais é um direito fundamental das pessoas e destacamos a importância das iniciativas reguladoras ibero-americanas para proteger a privacidade dos cidadãos, contidas na Declaração de Antigua, pela qual se cria a Rede Ibero-Americana de Protecção de Dados, aberta a todos os países da nossa Comunidade. *(sic)*" Item 45 da Declaração de Santa Cruz de La Sierra (DECLARAÇÃO DE SANTA CRUZ DE LA SIERRA. A inclusão social, motor do desenvolvimento da Comunidade Ibero-Americana. CUMBRE IBEROAMERICANA, 13.; CIMEIRA IBERO-AMERICANA DE CHEFES DE ESTADO E DE GOVERNO, 13, 2003. Santa Cruz de La Sierra, Bolívia. *Anais* [...]. Santa Cruz de La Sierra, Bolívia, 2003. p. 1-10. Disponível em: https://www.segib.org/wp-content/uploads/DECLARASAO-STA-CRUZ-SIERRA.pdf. Acesso em: 14 nov. 2023. item 45, p. 9).
21. Disponível em: https://www.camara.leg.br/proposicoesWeb/fichadetramitacao?idProposicao=2210757.

No período pandêmico da COVID 19, o Presidente da República editou a Medida Provisória MPV nº 954/20,[22] que obrigou as empresas de telefonia a disponibilizarem ao IBGE dados pessoais (nome, números de telefone e endereços dos usuários), com o objetivo de realizar entrevistas em caráter não presencial no âmbito de pesquisas domiciliares.

Ao julgar a ação, o STF reconheceu que a Medida Provisória não apresentava mecanismo técnico ou administrativo apto a proteger os dados pessoais de acessos não autorizados, vazamentos acidentais ou utilização indevida.

Em seu voto condutor, a relatora, Ministra Rosa Weber, consignou que:

> Não se subestima a gravidade do cenário de urgência decorrente da crise sanitária nem a necessidade de formulação de políticas públicas que demandam dados específicos para o desenho dos diversos quadros de enfrentamento. O seu combate, todavia, não pode legitimar o atropelo de garantias fundamentais consagradas na Constituição.[23]

Dessa forma, considerou que os direitos fundamentais relacionados à tutela da privacidade já existentes na Constituição Federal, como o direito à privacidade, à vida privada, à honra, à imagem, à inviolabilidade do domicílio e do sigilo das comunicações já implicavam, por via de consequência, o direito à proteção de dados pessoais.

O Ministro Luiz Fux, acompanhando o voto da relatoria, reiterou os argumentos da Ministra relatora, consignando em seu voto que "A proteção de dados pessoais e autodeterminação informativa são direitos fundamentais autônomos extraídos da garantia da inviolabilidade da intimidade e da vida privada e, consectariamente, do princípio da dignidade da pessoa humana".

A ementa do julgamento reafirma, com base no artigo 2º, I e II da Lei nº 13.709/2018 (Lei Geral de Proteção de Dados Pessoais), que a privacidade e a autodeterminação informativa são decorrentes dos direitos da personalidade, e consistem em fundamentos específicos da disciplina da proteção de dados pessoais. Ainda, na medida em que são relacionados à identificação, efetiva ou potencial, de pessoa natural, o tratamento e a manipulação de dados pessoais hão de observar os limites delineados no âmbito de proteção das cláusulas constitucionais assecuratórias da liberdade individual (art. 5º, *caput*), da privacidade e do livre desenvolvimento da personalidade (art. 5º, X e XII), sob pena de lesão a esses direitos.[24]

---

22. Disponível em: https://www.planalto.gov.br/ccivil_03/_ato2019-2022/2020/mpv/mpv954.htm.
23. BRASIL. Supremo Tribunal Federal (STF). *Ação Direta de Inconstitucionalidade nº 6.393/2020*. Relatora: Ministra Rosa Weber. Julgamento em: 07.05.2020. Publicado em: 12.11.2020. Disponível em: https://portal.stf.jus.br/processos/detalhe.asp?incidente=5896399. Acesso em: 14 nov. 2023.
24. BRASIL. *Lei nº 13.709, de 14 de agosto de 2018*. Lei Geral de Proteção de Dados Pessoais (LGPD). Disponível em: https://www.planalto.gov.br/ccivil_03/_ato2015-2018/2018/lei/l13709.htm. Acesso em: 14 nov. 2023.

A reafirmação do direito à proteção de dados pessoais como sendo decorrente do direito à privacidade pela Corte Constitucional tornou inquestionável sua qualificação como um direito humano a merecer o respeito e observância a que se obrigou o Brasil ao subscrever a Declaração Universal de Direitos Humanos, em 1948.[25]

Desse modo, o Supremo Tribunal Federal reconheceu que o direito à proteção de dados pessoais, além de ser um direito humano decorrente do consagrado princípio da dignidade da pessoa humana, delineado no âmbito das cláusulas assecuratórias da liberdade individual, da privacidade e do livre desenvolvimento da personalidade, e decorrente de forma direta das garantias da inviolabilidade da intimidade e da vida privada, consiste também num direito fundamental autônomo.

4.2.2 A Emenda Constitucional nº 115 de 10/02/2022

Foi nesse contexto que a Emenda Constitucional nº 115, de 10.02.2022, ampliando o espectro garantidor original da PEC nº 17/2019, sacramentou o direito à proteção de dados pessoais ao patamar constitucional de direito fundamental, pela inserção no rol de direitos e garantias fundamentais do artigo 5º da Constituição Federal o direito à proteção de dados pessoais, inclusive nos meios digitais;[26] atribuindo à União competência material exclusiva para organizar e fiscalizar a proteção e o tratamento de dados pessoais, nos termos da lei;[27] e a ela também a competência legislativa privativa em matéria de proteção e tratamento de dados pessoais.[28]

A constitucionalização do direito à proteção de dados pessoais como um direito fundamental, conforme já mencionado, tornou-o cláusula pétrea, por força do artigo 60, §4º, IV, da Constituição Federal, que passou a consistir numa limitação material ao poder reformador da Constituição que, nessa condição, passa a ter como única possibilidade a ampliação de sua garantia, sendo vedado o retrocesso garantidor, característica inerente aos direitos humanos.

Esse efeito, conhecido por *effet cliquet*, segundo a ensinança de José Joaquim Gomes Canotilho, implica dizer que os direitos humanos não podem retroagir,

---

25. Disponível em: https://www.unicef.org/brazil/declaracao-universal-dos-direitos-humanos.
26. BRASIL. *Constituição da República Federativa do Brasil de 1988*. Disponível em: https://www.planalto.gov.br/ccivil_03/constituicao/constituicao.htm. Acesso em: 14 nov. 2023. (título I, art. 5º, inc. LXXIX).
27. BRASIL. *Constituição da República Federativa do Brasil de 1988*. Disponível em: https://www.planalto.gov.br/ccivil_03/constituicao/constituicao.htm. Acesso em: 14 nov. 2023. (título III, cap. II, art. 20, inc. XXVI).
28. BRASIL. *Constituição da República Federativa do Brasil de 1988*. Disponível em: https://www.planalto.gov.br/ccivil_03/constituicao/constituicao.htm. Acesso em: 14 nov. 2023. (título III, cap. II, art. 22, inc. XXX).

mas somente avançar na proteção dos indivíduos, sendo inconstitucional qualquer medida tendente a revogar ou suprimir direitos dessa natureza já reconhecidos e regulamentados, sem a criação de outros meios alternativos capazes de compensar a anulação desses benefícios.[29]

A atribuição da competência material de organizar e fiscalizar a proteção de dados pessoais instituiu um dever de Estado, atribuído à União, que prestigiou a uniformidade regulatória a cargo da Autoridade Nacional de Proteção de Dados Pessoais.[30]

A essa competência somou-se a competência legislativa privativa da União em matéria de dados pessoais que, por sua natureza, evita a fragmentação legislativa, e prestigia a segurança jurídica, expressão do direito à segurança pessoal que emana da Declaração Universal de Direitos Humanos.[31]

Dessa forma, o direito à proteção de dados pessoais, como direito autônomo decorrente do direito à privacidade, ostenta a qualidade de direito humano e sua previsão constitucional como direito fundamental torna o seu escopo garantidor impassível de supressão ou redução, por ser cláusula pétrea, cuja observância e defesa pela República Federativa do Brasil, assim como dos demais direitos humanos constantes ou não expressamente do rol de direitos fundamentais, emana de sua mais alta norma, a Constituição Federal.

4.3 NORMAS SETORIAIS

É equivocada a percepção de que proteção de dados é tema novo, cujo tratamento legislativo foi introduzido pela Lei Geral de Proteção de Dados Pessoais.

A tutela da privacidade como um direito fundamental na Constituição Federal de 1988 foi o elemento catalizador para que, no âmbito infraconstitucional, diversas leis e decretos lhe dessem conformação, sobretudo no âmbito

---

29. CANOTILHO, José Joaquim Gomes. *Direito constitucional e teoria da constituição*. 5. ed. Coimbra: Almedina, 2002. p. 336.
30. Artigo 5º, XIX "autoridade nacional: órgão da administração pública responsável por zelar, implementar e fiscalizar o cumprimento desta Lei em todo o território nacional" (BRASIL. *Lei nº 13.709, de 14 de agosto de 2018*. Lei Geral de Proteção de Dados Pessoais (LGPD). Disponível em: https://www.planalto.gov.br/ccivil_03/_ato2015-2018/2018/lei/l13709.htm. Acesso em: 14 nov. 2023).
31. Artigo 3º da Declaração Universal dos Direitos Humanos: "Todo ser humano tem direito à vida, à liberdade e à segurança pessoal" (ORGANIZAÇÃO DAS NAÇÕES UNIDAS. *Declaração Universal de Direitos Humanos*. 1948. Disponível em: https://www.unicef.org/brazil/declaracao-universal-dos-direitos-humanos. Acesso em: 14 nov. 2023).

do poder público,[32] até que sobreviesse a Emenda Constitucional nº 115/2022, que incorporou, ao seleto rol existente, o direito fundamental de proteção de dados pessoais.

No âmbito das relações empresariais e de consumo, área que circunscreve o tema deste capítulo, as normas setoriais que tutelam a privacidade, sob o viés da proteção de dados pessoais, remetem à década de 1980, quando a Lei nº 7.232/1984 estabeleceu a Política Nacional de Informática.

A norma tinha por objetivo a capacitação nacional nas atividades de informática, em proveito do desenvolvimento social, cultural, político, tecnológico e econômico da sociedade brasileira, e tinha como um de seus princípios o estabelecimento de mecanismos e instrumentos legais e técnicos para a proteção do sigilo dos dados armazenados, processados e veiculados, do interesse da privacidade e de segurança das pessoas físicas e jurídicas, privadas e públicas, bem como de mecanismos e instrumentos para assegurar a todo cidadão o direito ao acesso e à retificação de informações sobre ele existentes em bases de dados públicas ou privadas.[33] Ou seja, ao passo que tratava sobre o sigilo de dados, não propriamente seu tratamento, assegurava ao cidadão, hoje identificado como sendo o titular, os direitos de acesso e retificação.

Após a promulgação da Constituição Federal, em 1988, a Lei nº 8.078/1990 – Código de Defesa do Consumidor – tratou da proteção de dados pessoais que fossem incluídos em bancos de dados e cadastros de consumidores, garantindo-lhes conhecimento, acesso, transparência, qualidade, direito à retificação e à eliminação dos dados com a prescrição da dívida subjacente.[34]

O Decreto nº 7.962, de 2013, que regulamenta o citado diploma legal, dispõe sobre o comércio eletrônico e prevê, em seu artigo 4º, inciso VI, que o fornecedor de produtos e serviços deverá utilizar mecanismos de segurança eficazes para tratamento de dados do consumidor.[35]

---

32. A respeito dos diplomas legais e regulamentares que regulam a atividade de tratamento de dados no Poder Público, confira-se: TASSO, Fernando Antonio. Do tratamento de dados pessoais pelo Poder Público. In: MALDONADO, Viviane Nóbrega; BLUM, Renato Opice. *LGPD*: Lei Geral de Proteção de Dados comentada. 3. ed. São Paulo: Revista dos Tribunais, 2019. p. 274-276.
33. BRASIL. *Lei nº 7.232, de 29 de outubro de 1984*. Dispõe sobre a Política Nacional de Informática, e dá outras providências. Disponível em: https://www.planalto.gov.br/ccivil_03/Leis/L7232.htm. Acesso em: 14 nov. 2023. (art. 2, inc. VIII; IX).
34. BRASIL. *Lei nº 8.078, de 11 de setembro de 1990*. Dispõe sobre a proteção do consumidor e dá outras providências. Disponível em: https://www.planalto.gov.br/ccivil_03/leis/l8078compilado.htm. Acesso em: 14 nov. 2023. (cap. V, seção VI, art. 43;44).
35. BRASIL. *Decreto nº 7.962, de 15 de março de 2013*. Regulamenta a Lei nº 8.078, de 11 de setembro de 1990, para dispor sobre a contratação no comércio eletrônico. Disponível em: https://www.planalto.gov.br/ccivil_03/_ato2011-2014/2013/decreto/d7962.htm. Acesso em: 14 nov. 2023.

Desde a promulgação do Código de Defesa do Consumidor, a tecnologia evoluiu exponencialmente e se tornou ubíqua. A quantidade das relações de consumo travadas no espaço virtual ultrapassam em muito aquelas ocorridas no espaço físico das empresas. Nesse sentido, havia inegável necessidade de se regulamentar com mais robustez a proteção de dados na Internet.

Nesse contexto, a Lei nº 12.965/2014 – Marco Civil da Internet[36] – estabeleceu garantias, direitos e deveres para o uso da Internet no Brasil e promoveu uma revisão da principiologia contida na Lei nº 7.232/1984,[37] baseando-se nos Princípios de Governança da Internet, aprovados pelo Comitê Gestor da Internet no Brasil – CGI.br.[38]

Também conhecido como Decálogo de Princípios para a Governança e Uso da Internet no Brasil, o documento que inspirou o Marco Civil da Internet prevê como primeiro, e mais importante dos princípios, o Princípio da liberdade, privacidade e direitos humanos, sintetizado na ideia de que "O uso da Internet deve guiar-se pelos princípios de liberdade de expressão, de privacidade do indivíduo e de respeito aos direitos humanos, reconhecendo-os como fundamentais para a preservação de uma sociedade justa e democrática".[39]

A aderência da governança e do uso da Internet a uma postura de respeito aos direitos humanos, preconizada no Decálogo, foi consagrada no Marco Civil como um dos fundamentos da disciplina do uso da Internet no Brasil, juntamente do desenvolvimento da personalidade e o exercício da cidadania em meios digitais.[40]

O Marco Civil da Internet foi norma que teve longo processo legislativo, sendo, ainda, a primeira norma cujo anteprojeto foi submetido ao escrutínio público por uma plataforma digital que permitiu a participação da sociedade civil, empresas e governo em sua elaboração.[41]

O Código de Defesa do Consumidor e a Lei do *Habeas Data* fizeram previsões pontuais acerca da proteção de dados pessoais, mas o Marco Civil da Internet

---

36. https://www.planalto.gov.br/ccivil_03/_ato2011-2014/2014/lei/l12965.htm.
37. BRASIL. *Lei nº 7.232, de 29 de outubro de 1984*. Dispõe sobre a Política Nacional de Informática, e dá outras providências. Disponível em: https://www.planalto.gov.br/ccivil_03/Leis/L7232.htm. Acesso em: 14 nov. 2023.
38. CGI.br/RES/2009/003/P – *Princípios para a governança e uso da internet no Brasil*. Disponível em: https://www.cgi.br/resolucoes/documento/2009/003/.
39. PRINCÍPIOS PARA A GOVERNANÇA E USO DA INTERNET. Disponível em: https://principios.cgi.br/#1-new. Acesso em: 14 nov. 2023.
40. BRASIL. *Lei nº 12.965, de 23 de abril de 2014*. Estabelece princípios, garantias, direitos e deveres para o uso da Internet no Brasil. Disponível em: https://www.planalto.gov.br/ccivil_03/_ato2011-2014/2014/lei/l12965.htm. Acesso em: 14 nov. 2023. (cap. I, art. II, inc. II).
41. Trata-se da plataforma Culturadigital.br, acessível pelo repositório arquivístico da Internet – Wayback Machine, no endereço: https://web.archive.org/web/20150318073715/ http://culturadigital.br/marcocivil/.

foi a primeira lei que contemplou, dentre seus princípios balizadores, a proteção de dados pessoais de forma destacada em relação à proteção da privacidade.[42]

Seu vanguardismo como norma fundamentada no respeito aos direitos humanos, e com base principiológica fulcrada na proteção de dados pessoais, somente não foi maior, uma vez que seu escopo material ficou restrito às relações travadas na Internet, não sendo, desse modo, uma norma referencial, de caráter geral, tampouco abrangendo a proteção de dados pessoais em meio físico.

4.4 A LEI GERAL DE PROTEÇÃO DE DADOS PESSOAIS (LGPD)

Em novembro de 2010, foi iniciado o debate sobre proteção de dados pessoais, com a finalidade de elaboração de uma lei específica que abrangesse as operações de tratamento de dados no ambiente digital e físico.

Seguindo a fórmula de sucesso na concepção do Marco Civil de Internet, o Ministério da Justiça utilizou novamente uma plataforma digital, de modo a proporcionar a participação dos interessados na elaboração do anteprojeto de lei que seria encaminhado à Casa Legislativa.[43]

O processo legislativo teve diversas intercorrências que o lentificaram,[44] porém, tanto no cenário internacional quanto no interno, fatos de grande repercussão e abrangência, inclusive com implicações a direitos humanos,[45] impulsionaram a tramitação do Projeto de Lei da Câmara nº 53/2018,[46] até sua aprovação pelo Senado e a sanção pelo Presidente da República, em 14 de agosto de 2018.

Até então, o Brasil não dispunha de uma regulamentação geral sobre proteção de dados pessoais e a fragmentação regulatória suscitava justas críticas a respeito

---

42. BRASIL. *Lei nº 12.965, de 23 de abril de 2014*. Estabelece princípios, garantias, direitos e deveres para o uso da Internet no Brasil. Disponível em: https://www.planalto.gov.br/ccivil_03/_ato2011-2014/2014/lei/l12965.htm. Acesso em: 14 nov. 2023. (cap. I, art. 3, inc. I; III).
43. JINKINGS, Daniella. Governo vai debater criação de marco legal para proteção de dados pessoais no Brasil. *Rede Brasil Atual.*, 01 dez. 2010. Disponível em: https://www.redebrasilatual.com.br/cidadania/governo-vai-debater-criacao-de-marco-legal-para-protecao-de-dados-pessoais-no-brasil/. Acesso em: 14 nov. 2023.
44. Sobre o processo legislativo, confira-se: https://pt.wikipedia.org/wiki/Lei_Geral_de_Prote%C3%A7%-C3%A3o_de_Dados_Pessoais.
45. Os fatos referidos consistem nas revelações de Edward Snowden a respeito da coleta e tratamento clandestino de dados de cidadãos norte-americanos pelo Governo Federal em 2013, e no escândalo relacionado à empresa Cambridge Analytica acerca da prática de *microtargeting* na manipulação das intenções de voto das eleições norte-americanas de 2016, e a entrada em vigor no Regulamento Geral de Proteção de Dados (EU 2016/679) na Europa. Internamente, vozes na academia, como as de Bruno Ricardo Bioni, Ronaldo Lemos, Laura Schertel Mendes e Danilo Doneda, somaram-se a manifestos de vários setores pela aprovação de uma lei gerla de proteção de dados pessoais.
46. Disponível em: https://www25.senado.leg.br/web/atividade/materias/-/materia/133486.

de sua efetividade, tanto pela fragilidade da proteção do titular de dados pessoais, como pela insegurança jurídica à qual se submetiam empresas que tinham como um dos pilares de seus negócios o tratamento de dados.

A Lei Geral de Proteção de Dados (LGPD), promulgada no Brasil como Lei nº 13.709, em 14 de agosto de 2018, representa um marco legal no que diz respeito à proteção de dados pessoais no país.

Segundo Laura Schertel Mendes, a LGPD instituiu, de forma inédita no país, um regime geral de proteção de dados, inaugurando um modelo *ex ante* de proteção de dados, fundado na ideia de que não existem mais dados irrelevantes em face do alto grau de eficiência do processamento automatizado e ubíquo de dados na sociedade digital e, por assim dizer, na economia digital.[47]

Trata-se de uma norma geral, como sua própria denominação aponta, de inquestionável caráter referencial para todas as demais normas que cuidam das operações de tratamento de dados pessoais.

Ressalta, também, que a tutela jurídica dos dados pessoais, segundo a LGPD, se materializa de forma horizontal, porquanto se aplica a todos os setores econômicos e também ao setor público.

Destaca-se o amplo escopo de aplicação da lei, que não se restringe apenas a entidades empresariais, mas também abrange pessoas físicas e órgãos públicos engajados em atividades de tratamento de dados. A legislação se aplica tanto a operações realizadas em território nacional como a operações que utilizem dados coletados no Brasil, mesmo que os servidores estejam localizados em outros países.

4.4.1 Modelo de aplicabilidade da LGPD

A LGPD é norma extensa e complexa que, devido à sua vocação referencial, tem sua análise beneficiada pelo emprego do modelo de aplicabilidade proposto por Laura Schertel Mendes, que divide sua abordagem em três níveis.

Primeiramente, busca-se analisar as condições de legitimidade para a realização do tratamento de dados pessoais para, em seguida, estabelecer os procedimentos para garantia desse direito e, finalmente, abordam-se as consequências cíveis e administrativas decorrentes de eventual malversação nas fases precedentes.

---

47. MENDES, Laura Schertel. *A Lei Geral de Proteção de Dados Pessoais*: um modelo de aplicação em três níveis. São Paulo: Ed. RT, 2019. (Caderno Especial LGPD). p. 45.

4.4.1.1 Condições de legitimidade para o tratamento de dados pessoais

O tratamento de dados pessoais reputa-se legítimo, se estiver amparado em uma base legal e observar todos os princípios norteadores da proteção de dados. Por legitimidade, compreende-se a legalidade da operação de tratamento, na medida em que é feito nesta primeira etapa um juízo de permissão legal, semelhante à tipicidade penal, condicionada à observância de todos os princípios de proteção, sem exclusão, sendo, por este motivo, condicionada, resultando num conceito ora proposto de tipicidade condicionada.

Tendo-se em linha de conta, por primeiro, as bases legais de tratamento, é de se notar que, conforme se tratar de dado pessoal ou sensível, seu tratamento observa um rol distinto de hipóteses que tipificam o tratamento legítimo.

É dizer, se a operação de tratamento utilizar somente dados pessoais, sua legitimidade está atrelada a uma das hipóteses do artigo 7º da LGPD, enquanto se tratar de dado sensível, a uma daquelas do artigo 11 da mesma lei. Importante observar que, apesar de numa primeira leitura as hipóteses parecerem equivalentes, não o são, haja vista não apenas a exclusividade de algumas das bases legais, como as contempladas nos incisos IX e X do artigo 7º, para dados pessoais, e no inciso II, "a", do artigo 11, para dados sensíveis, como também o fato de que os requisitos para circunstâncias semelhantes, como o consentimento, possuem requisitos distintos.[48]

Trata-se de um rol de hipóteses legais taxativas, ou em *numerus clausus*, de modo que, apesar de a doutrina[49] ter chegado a considerar o artigo 23, *caput*, uma base legal topograficamente destacada do rol originário, por tratar da disciplina do Poder Público, a Autoridade Nacional de Proteção de Dados Pessoais esclareceu se tratar de um vetor interpretativo dos artigos 7º e 11, quando o tratamento de dados pessoais for realizado por ente público.[50]

A legitimidade do tratamento, contudo, somente se aperfeiçoa com a observância dos princípios de proteção de dados pessoais constantes do artigo 6º da LGPD.

---

48. O consentimento do titular para o tratamento de dados pessoais deve ser livre, informado e inequívoco (artigo 5º, XII, da LGPD), enquanto para o tratamento de dados sensíveis somam-se a esses, os requisitos de ser o consentimento específico e destacado (artigo 11, I da LGPD).
49. *Vide*: MENDES, Laura Schertel. *A Lei Geral de Proteção de Dados Pessoais*: um modelo de aplicação em três níveis. São Paulo: Ed. RT, 2019. (Caderno Especial LGPD).
50. LANDERDAHL, Cristiane; MAIOLINO, Isabela; BARBOSA, Jeferson Dias; CARVALHO, Lucas Borges de. *Tratamento de dados pessoais pelo Poder Público*: versão 2.0: guia orientativo. Brasília, DF: ANPD, 2023. Disponível em: https://www.gov.br/anpd/pt-br/documentos-e-publicacoes/documentos-de-publicacoes/guia-poder-publico-anpd-versao-final.pdf. Acesso em: 15 nov. 2023.

Tais princípios não constituem uma inovação ou fruto da criatividade do legislador pátrio. Antes, foram trazidos de alhures como fruto de consenso do que se denomina *Fair Information Principles*, originado na década de 1970, quase que forma simultânea nos EUA, pelo Departamento de Saúde, Educação e Bem-Estar, na Inglaterra, pelo Comitê de Privacidade, coordenado por Kenneth Younger, que resultou num relatório que sugeria dez princípios para a proteção da privacidade no contexto do tratamento automatizado de dados realizado por organizações privadas.

Parte dos princípios positivados na LGPD estão presentes em grande parte das legislações de proteção de dados e decorrem de diplomas normativos e instrumentos internacionais, como a Convenção nº 108, do Conselho da Europa.

Dentre os princípios tradicionais, compreendidos nos incisos I a VII do artigo 6º,[51] destaca-se o princípio da boa-fé objetiva, previsto no artigo 6º, *caput*, de efeito transversal em relação a todos demais, impondo que todo o tratamento de dados pessoais, que abrangem todo o ciclo de vida do dado pessoal, seja pautado pela ética e por padrões objetivos de lealdade, aferidos no caso concreto.

A estes, acresceu o legislador outros princípios, como os princípios da não discriminação, da prevenção e da prestação de contas, que buscaram abordar outros aspectos de risco decorrentes das novas possibilidades de tratamento de dados pessoais em massa trazidos pelas tecnologias atreladas à Quarta Revolução Industrial, a exemplo da inteligência artificial e a internet das coisas, tornando a lei brasileira referência dentre as normas de proteção de dados pessoais no mundo.

É importante ressaltar, em síntese, a relação de complementaridade do binômio base legal e princípios, na medida em que não basta a suficiência de apenas um dos fatores, se inobservado o outro. Implica dizer, por exemplo, que, por mais íntegro e válido que se demonstre a colheita do consentimento do titular dos dados para o seu tratamento, não será supedâneo idôneo para o tratamento legítimo de dados pessoais se, ao fazê-lo, obrar em inobservância a qualquer um dos princípios de proteção, como o da necessidade.

A demonstração dessa circunstância foi observada com proficiência no acórdão de julgamento da ADI nº 6.393/2020, já mencionada anteriormente, no excerto abaixo transcrito:

> *Ainda que o artigo 7º da Lei Geral de Proteção de Dados – LGPD (Lei 13.709/18) permita o uso "pela administração pública, para o tratamento e uso compartilhado de dados necessários à execução de políticas públicas previstas em leis e regulamentos (...); para a realização de estudos por órgão de pesquisa" e também "para a tutela da saúde, exclusivamente, em pro-*

---

51. São eles: finalidade, adequação, necessidade, livre acesso, qualidade, transparência e segurança.

cedimento realizado por profissionais de saúde, serviços de saúde ou autoridade sanitária", *é certo que tais procedimentos devem obedecer aos princípios constitucionais e legais ínsitos à matéria.*[52] (grifo nosso)

4.4.1.2 Procedimentos para garantir a proteção de dados pessoais

Superada a análise do preenchimento dos pressupostos de legitimidade, sob o arquétipo da tipicidade condicionada, passa-se ao segundo nível do modelo de aplicabilidade.

Nesta fase, busca-se, a partir de uma abordagem bifronte, assegurar que o tratamento de dados pessoais se dará de maneira transparente e segura e que os agentes de tratamento atuarão de forma leal em relação aos titulares.

Ao passo que a LGPD estabelece obrigações e deveres aos agentes de tratamento, confere direitos aos titulares dos dados pessoais, criando uma sistemática de freios e contrapesos.

Em relação aos agentes de tratamento, Fernando Antonio Tasso já assinalou que esses deveres estão presentes em todos os segmentos da lei e perpassam pela observância cumulativa e incondicional de todos os princípios de proteção de dados;[53] a disponibilização de forma clara, adequada e ostensiva das características do tratamento de dados;[54] a publicação acerca dos tipos de dados coletados,[55] a abstenção de coleta de dados desnecessários,[56] a disponibilização de informações claras no tratamento de dados de crianças e adolescentes;[57] a manutenção de dados em formato interoperável e estruturado,[58] a comunicação de convênios de uso compartilhados de dados à Autoridade Nacional;[59] a divulgação ostensiva da identidade e das informações de contato do encarregado;[60] a adoção de medidas de segurança, técnicas e administrativas aptas a proteger os dados pessoais de acessos não autorizados e de situações acidentais ou ilícitas de destruição, perda, alteração, comunicação ou qualquer outra forma de tratamento inadequado ou

---

52. BRASIL. Supremo Tribunal Federal (STF). *Ação Direta de Inconstitucionalidade nº 6.393/2020*. Relatora: Ministra Rosa Weber. Julgamento em: 07/05/2020. Publicado em: 12/11/2020. Disponível em: https://portal.stf.jus.br/processos/detalhe.asp?incidente=5896399. Acesso em: 14 nov. 2023.
53. BRASIL. *Lei nº 13.709, de 14 de agosto de 2018*. Lei Geral de Proteção de Dados Pessoais (LGPD). Disponível em: https://www.planalto.gov.br/ccivil_03/_ato2015-2018/2018/lei/l13709.htm. Acesso em: 14 nov. 2023.
54. Ibidem, cap. II, seção I, art. 9º.
55. Ibidem, cap. II, seção III, art. 14, § 2º.
56. Ibidem, cap. II, seção III, art. 14, § 4º.
57. Ibidem, cap. II, seção III, art. 14, § 6º.
58. Ibidem, cap. IV, seção I, art. 25.
59. Ibidem, cap. IV, seção I, art. 26, § 2º.
60. Ibidem, cap. VI, seção II, art. 41, § 1º.

ilícito,[61] desde a concepção do produto ou serviço (*privacy by design*);[62] passando pela adoção das melhores práticas de segurança da informação,[63] pelo dever de comunicação de incidente à Autoridade Nacional e ao titular dos dados[64] e, finalmente, pela publicação das regras e boas práticas de governança.[65-66]

O contraponto aos deveres impostos a controladores e operadores consiste na garantia expressa de direitos especificamente relacionados à proteção de dados do titular.

Figurando como mais fundamental dos direitos previstos na LGPD está o direito à própria titularidade de seus dados pessoais, atrelado aos direitos fundamentais de liberdade, de intimidade e de privacidade, sendo, portanto, de impossível desvinculação da pessoa.

A norma protetiva vai além do paradigma de controle conhecido pela sigla "ARCO", que encerra os direitos de acesso,[67] retificação,[68] cancelamento e oposição,[69] e contempla os direitos de confirmação de existência de tratamento,[70] anonimização,[71] portabilidade,[72] eliminação,[73] informação sobre compartilhamento,[74] informação sobre possibilidade e consequências do não consentimento,[75] e de sua revogação.[76]

O direito de petição ao agente de tratamento e à autoridade nacional[77] e o direito ao não prejuízo diante do exercício regular do direito,[78] somam-se aos direitos do titular diante da sujeição a decisões exclusivamente automatizadas,

---

61. Ibidem, cap. VII, seção I, art. 46.
62. Ibidem, cap. VII, seção I, art. 46, § 2º.
63. Ibidem, cap. VII, seção I, art. 47.
64. Ibidem, cap. VII, seção I, art. 48.
65. Ibidem, cap. VII, seção II, art. 50, § 3º.
66. TASSO, Fernando Antonio. A responsabilidade civil na Lei Geral de Proteção de Dados e sua interface com o Código Civil e o Código de Defesa do Consumidor. *Cadernos Jurídicos – Escola Paulista da Magistratura*, São Paulo, ano 21, n. 3, p. 97-115, jan./mar. 2020. Disponível em: https://www.tjsp.jus.br/download/EPM/Publicacoes/CadernosJuridicos/ii_1_interface_entre_a_lgpd.pdf?d=637250344175953621. Acesso em: 15 nov. 2023. p. 107-108.
67. Ibidem, cap. III, art. 18, inc. II.
68. Ibidem, cap. III, art. 18, inc. III.
69. Ibidem, cap. III, art. 18, inc. IV.
70. Ibidem, cap. III, art. 18, inc. I.
71. Ibidem, cap. III, art. 18, inc. IV.
72. Ibidem, cap. III, art. 18, inc. V.
73. Ibidem, cap. III, art. 18, inc. VI.
74. Ibidem, cap. III, art. 18, inc. VII.
75. Ibidem, cap. III, art. 18, inc. VIII.
76. Ibidem, cap. III, art. 18, inc. IX.
77. Ibidem, cap. III, art. 18, §§ 1º ao 8º.
78. Ibidem, cap. III, art. 21.

como o direito de explicação dos critérios de tratamento[79] que, caso não atendido, enseja o exercício do direito de auditoria para verificação de eventuais aspectos discriminatórios no tratamento automatizado.[80]

De remate, denota-se que é de tal dimensão o cuidado do legislador com a efetivação dos direitos do titular que impôs ao controlador a obrigação de processar a requisição do titular, não sendo admissível ignorá-la, ainda que ilegítima ou desproposita.[81]

4.4.1.3 Consequências pelo descumprimento das normas de Proteção de Dados

O terceiro e conclusivo nível do modelo de aplicabilidade da LGPD, proposto por Laura Schertel Mendes, aborda os aspectos de fiscalização, aplicação de sanções administrativas e reparação judicial.

É neste aspecto que a aplicação da LGPD tem maior aderência aos vieses protetivo e reparatório atribuídos ao Poder Público, o que guarda estreita relação, no plano interno, com o que se absorve dos Princípios Orientadores sobre Empresas e Direitos Humanos da ONU.

A norma geral prevê disposições específicas relacionadas à responsabilidade administrativa,[82] cuja governança é atribuída à Autoridade Nacional de Proteção de Dados, que reúne atribuições preventivas, fiscalizatórias, regulatórias e sancionatórias;[83] e à responsabilidade civil, atribuída ao Poder Judiciário.[84]

Tal estamento do modelo guarda estreita relação com os níveis anteriores, com o único desiderato de conferir-lhes eficácia. Significa dizer que, se o tratamento de dados pessoais não possui condições de legitimidade para existir, ou se não observa deveres dos agentes de tratamento ou direitos do titular, deixando, portanto, de ostentar a segurança e a higidez que se espera no contexto do Estado de Direito, as consequências advirão preventivamente à verificação da lesão ao direito, pela intervenção administrativa da ANPD no sentido de proteger o direito humano à proteção de dados pessoais, bem assim no sentido de reparar a ameaça ou lesão ao direito do titular, pelo instituto da responsabilidade civil.

---

79. Ibidem, cap. III, art. 20, § 1º.
80. Ibidem, cap. III, art. 20, § 2º.
81. Ibidem, cap. III, art. 18, § 4º.
82. Ibidem, cap. VIII, seção I, art. 52.
83. Ibidem, cap. IX, seção I, art. 55-J.
84. BRASIL. Lei nº 13.709, de 14 de agosto de 2018. Lei Geral de Proteção de Dados Pessoais (LGPD). Disponível em: https://www.planalto.gov.br/ccivil_03/_ato2015-2018/2018/lei/l13709.htm. Acesso em: 14 nov. 2023.

4.4.1.3.1 Sanções Administrativas

A atuação estatal na esfera administrativa, tal como delineada pela LGPD tem direta relação com o compromisso do Brasil no aspecto "proteção" dos direitos humanos pelo Estado, segundo os Princípios Orientadores sobre Empresas e Direitos Humanos, o que se concretizou em nosso ordenamento jurídico pelo Decreto nº 9.571, de 21 de novembro de 2018, que estabeleceu as Diretrizes Nacionais sobre Empresas e Direitos Humanos, para médias e grandes empresas, incluídas as empresas multinacionais com atividades no País.

Por proteção se infere prevenção de práticas lesivas pela atuação fiscalizatória permanente do poder público, que baliza as relações entre as empresas transnacionais de tecnologia da informação e o indivíduo por normas regulatórias a dar, em tema de proteção de dados pessoais, o exato contorno das obrigações impostas aos agentes de tratamento, bem como da salvaguarda dos direitos dos titulares. Para tanto, dispõe o poder público da função sancionatória.

A previsão constitucional da competência da União para organizar e fiscalizar a proteção e o tratamento de dados pessoais, nos termos da lei,[85] é o fundamento de validade para que a Autoridade Nacional de Proteção de Dados Pessoais, autarquia de natureza especial, dotada de autonomia técnica e decisória, com patrimônio próprio e com sede e foro no Distrito Federal, criada pelo artigo 55-A da LGPD, exerça de modo centralizado a atuação estatal na governança do sistema de proteção de dados pessoais em solo nacional.

Sua atuação se dá no âmbito do direito administrativo, e corresponde à interface entre o Poder Público e as empresas transnacionais de tecnologia da informação.

No desempenho dos misteres preventivo, fiscalizatório e sancionatório, possui competência para zelar pela proteção de dados pessoais, nos termos da lei, elaborar diretrizes para a Política Nacional de Proteção de Dados Pessoais e da Privacidade, fiscalizar e aplicar sanções em caso de tratamento irregular de dados pessoais, atuar em caráter supletivo à inércia do controlador, quando provocado pelo titular, requisitar informe determinado sobre aspectos específicos de tratamento de dados, com a possibilidade de emitir parecer técnico para garantir o cumprimento da lei, realizar auditorias, celebrar compromisso de adequação de conduta, garantir o atendimento prioritário do idoso, comunicar as autoridade competentes sobre infrações penais das

---

85. BRASIL. *Constituição da República Federativa do Brasil de 1988*. Disponível em: https://www.planalto.gov.br/ccivil_03/constituicao/constituicao.htm. Acesso em: 14 nov. 2023. (cap. II, art. 21, inc. XXVI).

quais tiver conhecimento e implementar mecanismos simplificados para registros de reclamações.[86]

A par das competências reveladoras de seu caráter promocional de uma nova cultura de proteção de dados que, em última análise, resulta numa política promocional de direitos humanos, a ANPD reúne ainda competências regulatórias que são expressas nas atribuições de dispor sobre formas de publicidade das operações de tratamento de dados pessoais, editar regulamentos e procedimentos sobre proteção de dados e privacidade, bem como sobre relatório de impacto de atividades de tratamento de alto risco, editar normas, orientações e procedimentos simplificados e diferenciados para microempresas, e de articular-se com autoridades reguladoras públicas para exercer suas competências em setores específicos de atividades econômicas e governamentais sujeitas à regulação.[87]

Anota-se, ainda, que compete à própria Autoridade Nacional definir, por meio de regulamento próprio, sobre sanções administrativas a infrações à lei, bem como sobre as metodologias de cálculo do valor-base das sanções de multa.[88]

Destaca-se que o sistema regulatório que confere poderes à autoridade administrativa o faz tendo como destinatário não apenas os entes públicos, mas também e, sobretudo, os entes privados, tornando efetivo o caráter de horizontalidade da norma de proteção de dados pessoais.

Dentre as sanções previstas no artigo 52, § 1º, da LGPD estão à disposição do poder sancionatório da LGPD penas de mera admoestação, como a advertência; penas pecuniárias, de multa simples e multa diária; penas infamantes, como a publicização da infração após devidamente apurada e confirmada a sua ocorrência; penas incidentes sobre as bases de dados, materializadas no bloqueio, suspensão parcial e eliminação dos dados objetos da infração; e penas incidentes sobre a própria atividade de tratamento de dados, com impacto direto na perpetuação da atuação da empresa.

---

86. Artigo 55-J, I, III, IV, V, XI, XVI, XVII, XIX, XX, XXI, XXIV (BRASIL. Lei nº 13.709, de 14 de agosto de 2018. Lei Geral de Proteção de Dados Pessoais (LGPD). Disponível em: https://www.planalto.gov.br/ccivil_03/_ato2015-2018/2018/lei/l13709.htm. Acesso em: 14 nov. 2023).
87. Artigo 55-J, X, XIII, XVIII, XXIII (BRASIL. Lei nº 13.709, de 14 de agosto de 2018. Lei Geral de Proteção de Dados Pessoais (LGPD). Disponível em: https://www.planalto.gov.br/ccivil_03/_ato2015-2018/2018/lei/l13709.htm. Acesso em: 14 nov. 2023).
88. Artigo 53, *caput* (BRASIL. Lei nº 13.709, de 14 de agosto of 2018. Lei Geral de Proteção de Dados Pessoais (LGPD). Disponível em: https://www.planalto.gov.br/ccivil_03/_ato2015-2018/2018/lei/l13709.htm. Acesso em: 14 nov. 2023).

Tais sanções não inviabilizam, por expressa disposição legal, a aplicação de outras sanções administrativas, civis ou penais definidas no Código de Defesa do Consumidor e em legislação específica.[89]

O cuidado da LGPD com a função balizadora do poder sancionatório da Autoridade Nacional se demonstra pela detalhada enunciação de critérios para a aplicação de sanções no âmbito do processo administrativo, merecendo destaque fatores como a boa-fé do infrator, a vantagem auferida ou pretendida por ele, bem assim como sua cooperação e pronta adoção de medidas corretivas.

4.4.1.3.2 Responsabilidade Civil

A imposição da reparação do dano patrimonial ou moral, de cunho individual ou coletivo, também compete ao Estado, que se faz atuar pelo Poder Judiciário, provocado pelos órgãos que compõem o sistema de Justiça, como o Ministério Público, a Defensoria Pública e a Advocacia Pública e Privada.

Conquanto o sistema privado de responsabilidade civil tenha seus pilares estruturantes no Código Civil, contempladas as especificidades próprias das relações de consumo contempladas no Código de Defesa do Consumidor, a LGPD trouxe, em seu bojo, um microssistema de interfaces entre as relações jurídicas que utilizam o tratamento de dados pessoais, e os referidos diplomas legais.

Inserida no Capítulo VI – "Dos agentes de tratamento de dados pessoais" – está a Seção III, que trata da responsabilidade civil e do ressarcimento de danos imputados aos agentes de tratamento.

O artigo 42, *caput*, da Lei Geral de Proteção de Dados, prevê o dever de reparação civil por dano patrimonial, moral, individual ou coletivo, imposto aos agentes de tratamento, controlador ou operador, quando executarem operação de tratamento de dados em violação à legislação de proteção de dados.

Sobressai de sua leitura que, se por um lado não prevê o elemento culpa, por outro não o exclui expressamente. Ainda, traz como requisito da obrigação de reparar a circunstância de ter sido a operação de tratamento lesiva realizada em violação à legislação de proteção de dados.

É legítimo concluir, conforme aponta Gisela Sampaio da Cruz,[90] que são utilizados apenas dois critérios objetivos para fundamentar a responsabilidade,

---

89. Artigo 52, § 2º (BRASIL. Lei nº 13.709, de 14 de agosto de 2018. Lei Geral de Proteção de Dados Pessoais (LGPD). Disponível em: https://www.planalto.gov.br/ccivil_03/_ato2015-2018/2018/lei/l13709.htm. Acesso em: 14 nov. 2023).
90. GUEDES, Gisela Sampaio da Cruz. Responsabilidade civil da Lei de Proteção de Dados Pessoais. CONGRESSO INTERNACIONAL DE RESPONSABILIDADE CIVIL DO IBERC, 3, 2019, São Paulo. Palestras […]. [S. l.]: Iberc, 2019.

quais sejam, o exercício da atividade de tratamento de dados e a violação da legislação de proteção de dados.

Com a finalidade de atribuir maior garantia de reparação do dano, o inciso I, do § 1º do referido artigo estabelece hipótese de responsabilidade solidária do operador, quando descumpre a Lei ou atua em contrariedade com as ordens lícitas do controlador.

Os controladores podem ser solidariamente responsáveis, na dicção do inciso II do § 1º do artigo 42, uma vez demonstrado estarem diretamente envolvidos no tratamento do qual decorreram danos ao titular dos dados. Tal previsão se mostra alinhada à complexa realidade das operações de tratamento compartilhado de dados, por vezes envolvendo o compartilhamento entre entes públicos e privados.

Nas relações jurídicas que tenham como partes empresas transnacionais de tecnologia da informação e pessoas físicas, individual ou coletivamente representadas, segundo Fernando Antonio Tasso[91] embora ainda não haja um consenso sobre o enfoque objetivo ou subjetivo da responsabilidade civil, a interpretação dialógica das fontes do direito privado apresentam hipóteses em que a responsabilização do agente de tratamento se dará pelo sistema da responsabilidade objetiva, como nas relações de consumo[92] e no desempenho de atividade de risco[93] e pelas normas da responsabilidade subjetiva nas demais.

4.5 A PROTEÇÃO DE DADOS E O PAPEL DO ESTADO-JUIZ

Observa-se, em síntese, que o sistema regulatório interno, no que diz respeito ao direito fundamental à proteção de dados pessoais, segue o padrão híbrido, compreensivo e setorial, tendo previsão na Constituição Federal, e dispõe de lei referencial, a LGPD, que é baliza normativa para a interpretação e aplicação dos microssistemas de proteção de dados existentes em lei esparsas.

---

91. TASSO, Fernando Antonio. A responsabilidade civil na Lei Geral de Proteção de Dados e sua interface com o Código Civil e o Código de Defesa do Consumidor. *Cadernos Jurídicos – Escola Paulista da Magistratura*, São Paulo, ano 21, n. 3, p. 97-115, jan./mar. 2020. Disponível em: https://www.tjsp.jus.br/download/EPM/Publicacoes/CadernosJuridicos/ii_1_interface_entre_a_lgpd.pdf?d=637250344175953621. Acesso em: 15 nov. 2023. p. 110-113.
92. BRASIL. Lei nº 8.078, de 11 de setembro de 1990. Dispõe sobre a proteção do consumidor e dá outras providências. Disponível em: https://www.planalto.gov.br/ccivil_03/leis/l8078compilado.htm. Acesso em: 14 nov. 2023. (título I, seção II, art. 12).
93. BRASIL. *Lei nº 10.406, de 10 de janeiro de 2002*. Institui o Código Civil. Disponível em: https://www.planalto.gov.br/ccivil_03/leis/2002/l10406compilada.htm. Acesso em: 15 nov. 2023. (título IX, cap. I, art. 927).

Guarda estreita relação com o dever assumido pelo Estado brasileiro frente à comunidade internacional de proteger e reparar violações aos direitos humanos, notadamente pelas empresas transnacionais de tecnologia da informação e busca, no âmbito dos limites territoriais da soberania estatal dar-lhe efetividade, em alinhamento com o paradigma mundial proposto pelas Nações Unidas.

É corolário da função protetiva dos direitos humanos exercida pelo Estado que o respeito dos direitos humanos pelas empresas, fundadas no mesmo paradigma internacional, será tão mais efetivo quanto mais atuante for a função reparadora, também carreada ao Estado.

É nesse aspecto que se identifica a importância da expressão da soberania nacional pelo Estado-Juiz, não apenas através de sua função jurisdicional, fundamentada no instituto da responsabilidade civil, mas de sua atuação como função estatal e instituição democrática.

Cabe, portanto, passar-se à análise das atividades corriqueiramente desempenhadas pelas empresas transnacionais de tecnologia da informação que tenham a potencialidade de ameaçar ou violar o direito humano e fundamental à proteção de dados pessoais para, em seguida, identificar, sob as luzes dos Princípios Orientadores sobre Empresas e Direitos Humanos, qual o papel do Poder Judiciário como agente de integração do Estado brasileiro à comunidade internacional de proteção de direitos humanos.

5
A INTERFACE ENTRE OS PRINCÍPIOS DE RUGGIE E AS FUNÇÕES DA RESPONSABILIDADE CIVIL

A concretização da ordem global de proteção de direitos humanos em cada uma das nações do globo está inexoravelmente vinculada ao sistema interno de proteção dos direitos humanos, positivados ou não em suas respectivas Constituições como direitos fundamentais.

Os Princípios de Ruggie balizam a proteção dos direitos humanos nas relações empresariais e de consumo, atribuindo responsabilidades aos Estados nacionais quanto à proteção e reparação de ameaça ou violação aos direitos humanos, enquanto às empresas, sobretudo as transnacionais, a responsabilidade pelo respeito a esses direitos inerentes à pessoa humana.

Embora sejam fruto do consenso internacional, e que não pretendem a criação ou extensão das obrigações já assumidas pelas nações, tais princípios possuem o perfil de *soft law* e, como tal, se ressentem da ausência de impositividade às empresas transnacionais, bem assim como de uma autoridade internacional com jurisdição e poder coercitivo de fazer cumprir sua observância.

Nesse contexto, conquanto a proteção de dados pessoais seja um direito humano decorrente do direito à privacidade, não possui, no plano internacional, de modo uniforme, a força ou a proteção necessárias para ombrear o poder econômico das empresas transnacionais de tecnologia da informação, sendo, por esse motivo, reiterada e massivamente violada, ao arrepio da Declaração Universal de Direitos Humanos.

Intenta-se alcançar, no futuro, um consenso de proteção a esse direito que se harmonize com a natureza fluida e versátil das empresas transnacionais, o que resulta em uma regra que consubstancie uma norma de conduta internacional de abrangência mundial.

A Comissão das Nações Unidas para o Direito Comercial Internacional (UNCITRAL) foi estabelecida em 1966 e, assim como a Comissão de Direitos Humanos, subsidia a Assembleia Geral das Nações Unidas. É o principal órgão das Nações Unidas a tratar de questões que envolvem o Direito Mercantil Internacional e, nessa qualidade, tem contribuído para a uniformização no tratamento de questões que transbordam as fronteiras dos países, com a edição de leis modelo, como já o fez em relação à arbitragem comercial internacional,[1] ao comércio eletrônico,[2] à insolvência transnacional[3] e às assinaturas eletrônicas.[4]

Cada uma dessas leis modelo foi elaborada com o intuito de servir como um guia para os Estados membros, que podem adaptá-las às suas legislações e regulamentações nacionais. Embora esses textos não sejam vinculativos, eles são influentes e frequentemente adotados ou usados como referência em reformas legislativas.

No âmbito dos direitos humanos, propriamente dito, a Comissão de Direitos Humanos, órgão das Nações Unidas simétrico à UNCITRAL, não adotou por modelo regulatório a expedição de leis modelo, assim como seu órgão coirmão. Em vez disso, elabora resoluções, declarações, princípios orientadores e outros tipos de instrumentos não vinculativos, buscando promover e proteger os direitos humanos de maneira uniforme em todo o mundo.

Nessa seara, os Princípios Orientadores sobre Empresas e Direitos Humanos (2011), embora não sejam uma lei modelo, buscam orientar Estados e empresas sobre como respeitar, proteger e remediar os direitos humanos no contexto dos negócios transnacionais.

A concretização dos direitos humanos é buscada individualmente por cada uma das nações do mundo, por intermédio do exercício da soberania estatal em fazer cumprir as garantias constantes de seu ordenamento jurídico.

Nessa senda, o direito à proteção de dados pessoais foi alçado à categoria de direito fundamental na Constituição Federal e encontra, nas leis setoriais,

---

1. Lei Modelo da UNCITRAL sobre Arbitragem Comercial Internacional (1985, emendada em 2006): Visa a proporcionar um padrão para arbitragem de disputas comerciais internacionais. Ela é amplamente adotada e serviu de base para muitas legislações nacionais sobre arbitragem. *UNCITRAL Model Law on International Commercial Arbitration (1985), with amendments as adopted in 2006*, Art. 1-43. Disponível em: https://uncitral.un.org/en/texts/arbitration/modellaw/commercial_arbitration.
2. Lei Modelo da UNCITRAL sobre Comércio Eletrônico (1996): Procura facilitar o comércio eletrônico, padronizando-o, fornecendo regras de validade legal aos contratos eletrônicos. *UNCITRAL Model Law on Electronic Commerce (1996)*, Art. 1-26. Disponível em: https://uncitral.un.org/en/texts/ecommerce/modellaw/electronic_commerce.
3. Lei Modelo da UNCITRAL sobre Insolvência Transnacional (1997): Oferece um regime jurídico para casos de insolvência que envolvam mais de uma jurisdição. *UNCITRAL Model Law on Cross-Border Insolvency (1997)*, Art. 1-32. Disponível em: https://uncitral.un.org/en/texts/insolvency/modellaw/cross-border_insolvency.
4. Lei Modelo da UNCITRAL sobre Assinaturas Eletrônicas (2001): Estabelece princípios legais para o uso e reconhecimento de assinaturas eletrônicas. *UNCITRAL Model Law on Electronic Signatures (2001)*, Art. 1-17. Disponível em: https://uncitral.un.org/en/texts/ecommerce/modellaw/electronic_signatures.

na Lei Geral de Proteção de Dados Pessoais e no Código Civil o arcabouço legal regulatório que concretiza no plano interno o mandamento global de proteção, respeito e reparação desse direito.

Sob o recorte da função estatal jurisdicional, identifica-se no instituto da responsabilidade civil o principal instrumento de materialização e concretização da salvaguarda do direito fundamental à proteção de dados pessoais no plano interno, que confere ao sistema global eficácia regional, que se busca um dia ver observada no plano internacional.

É curial, portanto, relacionar os princípios fundamentais dentre os Princípios de Ruggie às funções da responsabilidade civil como forma de demonstrar que o exercício da jurisdição no âmbito do direito privado tem o condão de concretizar, no sistema regulatório interno, o que se preconiza no sistema regulatório internacional.

O estudo das funções da responsabilidade civil sob a perspectiva da concretização, no âmbito do ordenamento jurídico brasileiro, do direito à proteção de dados pessoais preconizado pelo sistema regulatório global de respeito aos direitos humanos, remete à ideia de metamorfose.

O direito à proteção de dados pessoais surgiu de uma evolução conceitual do direito à privacidade, direito humano de primeira ordem previsto na Declaração Universal de Direitos Humanos, diante da evolução tecnológica que modificou a forma de exteriorização da personalidade e da correspondente necessidade de proteção do indivíduo nesse novo contexto informacional.

Da mesma forma, o instituto da responsabilidade civil foi impactado pela Quarta Revolução Industrial, época atual, marcada pela confluência e intersecção dos mundos digital, físico e biológico, que tem causado uma profunda transformação em diversas áreas do conhecimento e da sociedade. Neste contexto, a responsabilidade civil, que é tradicionalmente um instrumento de equilíbrio das relações interpessoais e de reparação de danos, enfrenta novos desafios. A perspectiva de Nelson Rosenvald sobre essa temática revela uma visão inovadora e coerente com as mudanças do século XXI.[5]

Rosenvald, atento à evolução do direito e às suas interseções com a realidade social, destaca que a responsabilidade civil não pode ficar à margem das inovações trazidas pela Quarta Revolução Industrial. Seja diante dos avanços da inteligência artificial, biotecnologia ou da Internet das Coisas (IoT), segundo

---

5. ROSENVALD, Nelson. *As funções da responsabilidade civil: a reparação e a pena civil*. 4. ed. São Paulo: SaraivaJur, 2022. p. 35-54.

o autor, há uma necessidade iminente de reavaliar os paradigmas tradicionais deste instituto jurídico.

Uma das premissas centrais na abordagem de Rosenvald é que a responsabilidade civil, no contexto da Quarta Revolução Industrial, deve transcender sua função meramente reparatória. Mais do que isso, ela deve assumir um papel preventivo, para orientar condutas e estabelecer padrões éticos para as novas tecnologias. Este deslocamento da responsabilidade civil, de um caráter reativo para um papel proativo, é fundamental para garantir que as inovações tecnológicas ocorram de maneira alinhada com os valores e direitos fundamentais da sociedade.

Essa evolução conceitual, denominada multifuncionalidade da responsabilidade civil, está expressa no seguinte excerto:

> *Responsibility, accountability* e *answerability* executam exemplarmente as funções preventiva e precaucional da responsabilidade civil, eventualmente complementadas pela função compensatória (*liability*). Ao contrário do que propaga a escola clássica da responsabilidade, distancia-se o efeito preventivo de um mero efeito colateral de uma sentença condenatória a um ressarcimento.
>
> Aliás, a multifuncionalidade da responsabilidade civil não se resume a uma discussão acadêmica: a perspectiva plural da sua aplicabilidade à LGPD é um bem-acabado exemplo legislativo da necessidade de ampliarmos a percepção sobre a responsabilidade civil. Não se trata tão somente de um mecanismo de contenção de danos, mas também de contenção de comportamentos.
>
> Transpusemos o "direito de danos" e alcançamos uma responsabilidade civil para muito além dos danos.
>
> Evidencia-se, assim, uma renovada perspectiva bilateralizada: a responsabilidade como mecanismo de imputação de danos – foco da análise reparatória – no qual o agente se responsabiliza "perante" a vítima, convive com a responsabilidade "pelo outro", o ser humano.[6]

Ademais, Rosenvald enfatiza a importância da reavaliação dos critérios de imputação do dano na era digital. Com a crescente autonomia das máquinas e sistemas inteligentes, os conceitos tradicionais de culpa e nexo causal podem se tornar insuficientes, ou até mesmo obsoletos. Surge, assim, a necessidade de se pensar em novos modelos de responsabilização, que levem em consideração a natureza difusa e complexa das relações mediadas por tecnologias avançadas.

Defende, outrossim, uma abordagem interdisciplinar da responsabilidade civil nas relações travadas no espaço virtual, que não pode ser pensado de forma

---

6. ROSENVALD, Nelson. *As funções da responsabilidade civil*: a reparação e a pena civil. 4. ed. São Paulo: SaraivaJur, 2022. p. 55.

isolada, mas em conjunto com outras áreas do conhecimento, como a engenharia, a ciência da computação e a ética, pois as questões levantadas pela Quarta Revolução Industrial são, por definição, multidisciplinares.

Por fim, Rosenvald sublinha que a responsabilidade civil na Quarta Revolução Industrial deve ser orientada por uma visão humanista. Apesar de todas as mudanças e desafios, o direito deve continuar a proteger a dignidade humana, garantindo que as inovações tecnológicas beneficiem a sociedade como um todo, e não apenas segmentos isolados ou apenas as próprias empresas transnacionais de tecnologia da informação.

Neste capítulo, as funções da responsabilidade civil serão analisadas sob a perspectiva dos Princípios Orientadores sobre Empresas e Direitos Humanos, como forma de demonstrar a perfeita adequação do instituto do direito privado brasileiro aos vetores de proteção, respeito e reparação preconizadas pelos princípios, dando-lhes concretude no ordenamento jurídico brasileiro.

Descabe, portanto, para o escopo deste trabalho, aprofundar o debate sobre eventuais divergências doutrinárias sobre as funções da responsabilidade civil, ou como a jurisprudência se debruça sobre qual o sistema de responsabilidade civil adotado pela LGPD, objetivo ou subjetivo, ou, ainda, se a existência de dano naturalístico é imprescindível para a existência da responsabilidade civil.

5.1 PRIMEIRO PILAR DOS PRINCÍPIOS DE RUGGIE: O DEVER DO ESTADO DE PROTEGER DIREITOS HUMANOS E A FUNÇÃO PREVENTIVA DA RESPONSABILIDADE CIVIL

Na perspectiva do dever estatal de proteção aos direitos humanos, os Princípios Orientadores são desdobrados em dois princípios fundamentais.

O primeiro consiste em estabelecer que:

> Os Estados devem proteger contra violações dos direitos humanos cometidas em seu território e/ou sua jurisdição por terceiros, inclusive empresas. Para tanto, devem adotar as medidas apropriadas para prevenir, investigar, punir e reparar tais abusos por meio de políticas adequadas, legislação, regulação e submissão à justiça (Princípio 1).[7]

O compromisso assumido pelo Estado brasileiro perante as demais nações do mundo, ao subscrever a Declaração Universal de Direitos Humanos, implica o dever de proteger, respeitar e implementar mecanismos eficientes de resguardo

---

7. EMPRESAS E DIREITOS HUMANOS. Disponível em: https://site-antigo.socioambiental.org/sites/blog.socioambiental.org/files/nsa/arquivos/conectas_principiosorientadoresruggie_mar20121.pdf. Acesso em: 15 nov. 2023.

dos direitos humanos das pessoas que estejam em seu território, inclusive em face da atuação das empresas transnacionais que, embora não sediadas no país, aqui exerçam suas atividades e direcionem seus produtos e serviços ao cidadão nacional.

O Estado brasileiro, que tem por fundamento Constitucional a prevalência dos direitos humanos,[8] possui um dever normativo de proteção. Assim, ainda que Brasil não seja automaticamente responsável por infrações de direitos humanos perpetradas por entidades privadas, pode falhar em suas obrigações internacionais se as violações forem diretamente atribuídas a ele, ou se não tomar as ações necessárias para prevenir, apurar, sancionar e remediar tais abusos.

Segundo o princípio, embora a escolha de medidas a serem adotadas fique a critério dos Estados, eles devem avaliar todas as opções preventivas e reparatórias disponíveis, o que inclui ações políticas, legislativas, administrativas e judiciais. Adicionalmente, os Estados têm a incumbência de sustentar e fomentar o Estado de Direito, para assegurar a igualdade perante a lei, sua aplicação justa, instituindo mecanismos eficazes de responsabilização, segurança jurídica e transparência no processo legal.

Regulação e submissão à Justiça são, efetivamente, as bases da proteção ao direito fundamental à proteção de dados pelo instituto da responsabilidade civil e, conforme já tratado, a atuação do Estado-Juiz é expressão da soberania nacional pelo poder de aplicar o direito positivo ao caso concreto, e exige da decisão o poder impositivo e coercitivo pelos mecanismos de violência processual.

Verificado um ilícito de natureza civil em detrimento de um cidadão nos limites do território brasileiro, surge a pretensão indenizatória, que encontra seu arcabouço normativo elementar no Código Civil e, em matéria de proteção de dados pessoais, delineado pela Lei Geral de Proteção de Dados Pessoais.

O instituto da responsabilidade civil é, portanto, conclamado a representar uma resposta estatal ao reclamo por prevenir a reiteração de condutas violadoras dos direitos individuais e coletivos, tendo o Poder Judiciário a competência para conduzir a instrução probatória e punir a empresa responsável pelo abuso de direito. Este contexto reclama a função preventiva da responsabilidade civil.

O segundo princípio fundamental que baliza o dever do Estado de proteger os direitos humanos, por seu turno, preconiza que:

---

8. BRASIL. *Constituição da República Federativa do Brasil de 1988*. Disponível em: https://www.planalto.gov.br/ccivil_03/constituicao/constituicao.htm. Acesso em: 14 nov. 2023. (título I, art. 4, inc. II).

Os Estados devem estabelecer claramente a expectativa de que todas as empresas domiciliadas em seu território e/ou jurisdição respeitem os direitos humanos em todas suas operações (Princípio 2).[9]

A Lei de Introdução às Normas do Direito Brasileiro estabelece a inescusabilidade do cumprimento da lei, sob a alegação de desconhecê-la,[10] de modo que a previsão do direito à proteção de dados pessoais como um direito fundamental, mercê da Emenda Constitucional nº 15/2022, e da plena vigência da Lei Geral de Proteção de Dados Pessoais são pressupostos claros e preordenados da atuação lícita da empresa transnacional no Brasil.

Do ponto de vista vinculativo das empresas transnacionais ao ordenamento jurídico pátrio, as normas internacionais de direitos humanos não impõem aos Estados a regulação de atividades extraterritoriais de empresas sediadas em seus territórios, muito embora pareça ser esse um caminho promissor para que sejam coibidas práticas abusivas das empresas transnacionais nas demais nações, ou seja, a partir de sua origem.

5.1.1 A função preventiva da responsabilidade civil

Flávio Henrique Caetano de Paula Maimone pontua que, além de estar presente no artigo 12 do Código Civil, a função preventiva é também direito fundamental previsto na Constituição Federal pelo princípio da inafastabilidade da jurisdição, que garante que a lei não excluirá da apreciação do Poder Judiciário lesão ou ameaça a direito.[11]

Segundo o autor:

> Há, por assim dizer, imperativo legal e constitucional para que se proceda à prevenção de dano, o que se extrai – infraconstitucionalmente – da determinação de fazer cessar a ameaça de lesão a direito da personalidade (e, pois, ameaça de dano moral, que deve ser prevenido) e da Constituição, que estabelece o direito fundamental de garantir que o cidadão se socorra do Estado, em sua função jurisdicional, diante de 'ameaça a direito'.[12]

---

9. EMPRESAS E DIREITOS HUMANOS. Disponível em: https://site-antigo.socioambiental.org/sites/blog.socioambiental.org/files/nsa/arquivos/conectas_principiosorientadoresruggie_mar20121.pdf. Acesso em: 15 nov. 2023.
10. Decreto-Lei nº 4.657, de 04 de setembro de 1942. Disponível em: https://www.planalto.gov.br/ccivil_03/decreto-lei/del4657.htm.
11. BRASIL. *Constituição da República Federativa do Brasil de 1988*. Disponível em: https://www.planalto.gov.br/ccivil_03/constituicao/constituicao.htm. Acesso em: 14 nov. 2023. (título II, cap. I, art. 5, inc. XXXV).
12. MAIMONE, Flávio Henrique Caetano de Paula. *Responsabilidade Civil na LGPD*: efetividade na proteção de dados pessoais. São Paulo: Editora Foco, 2022. p. 49.

Felipe Braga Netto pontua que a tutela preventiva é a mais adequada e em melhor alinhamento com a Constituição Federal, pois busca evitar que danos ocorram, ou que continuem a ocorrer, e assume, portanto, neste século, fundamental importância.[13]

Rosenvald assinala que "a prevenção, *lato sensu*, é um dos quatro princípios regentes da responsabilidade civil e inafastável consequência da aplicação de qualquer das funções estudadas (compensatória, punitiva, restitutória e precaucional)".[14]

É cediço que as quatro funções são compatíveis e não excludentes, sendo que a prevenção está presente em cada uma delas, pois, na função compensatória, a indenização é dotada de um aspecto de "prevenção de danos", na função punitiva, de uma "prevenção de ilícitos" e na função precaucional, de uma "prevenção de riscos".

Prevenção é também um dos princípios norteadores do tratamento de dados pessoais a teor da LGPD, que a define como sendo a adoção de medidas para prevenir a ocorrência de danos em virtude do tratamento de dados pessoais.[15]

No mesmo diploma legal, sobejam prescrições obrigacionais impostas aos agentes de tratamento de dados que redundam em medidas de prevenção de danos como, por exemplo, a imposição da nomeação de um encarregado, a realização de um relatório de impacto à proteção de dados pessoais e operações de tratamento que envolvam risco de violação aos direitos fundamentais e a adoção de políticas de segurança da informação condizentes com a sensibilidade dos dados tratados, para citar apenas alguns.

No âmbito da atividade das empresas transnacionais de tecnologia da informação, consistente na oferta e fornecimento de produtos e serviços ao mercado consumidor nacional, cumpre anotar que o Código de Defesa do Consumidor estabelece como direito básico do consumidor a prevenção de danos.[16]

Nesse contexto, o apelo doutrinário pela assunção da função preventiva pelo instituto da responsabilidade civil encontra, no ordenamento jurídico pátrio, o amparo constitucional e legal para que o Estado promova a proteção

---

13. BRAGA NETTO, Felipe. *Novo manual de responsabilidade civil*. Salvador: JusPodivm, 2019. p. 105.
14. ROSENVALD, Nelson. *As funções da responsabilidade civil*: a reparação e a pena civil. 4. ed. São Paulo: SaraivaJur, 2022. p. 57.
15. BRASIL. *Lei nº 13.709, de 14 de agosto de 2018*. Lei Geral de Proteção de Dados Pessoais (LGPD). Disponível em: https://www.planalto.gov.br/ccivil_03/_ato2015-2018/2018/lei/l13709.htm. Acesso em: 14 nov. 2023. (art. 6, inc. VIII).
16. BRASIL. *Lei nº 8.078, de 11 de setembro de 1990*. Dispõe sobre a proteção do consumidor e dá outras providências. Disponível em: https://www.planalto.gov.br/ccivil_03/leis/l8078compilado.htm. Acesso em: 14 nov. 2023. (art. 6, inc. VI).

do direito fundamental à proteção de dados pessoais pela aplicação do instituto da responsabilidade civil, reconhecendo sua função preventiva. Em o fazendo, o Poder Judiciário, no exercício da função estatal jurisdicional, concretizará, no âmbito do ordenamento jurídico interno, a proteção ao direito humano homônimo, conforme preconizado pelos Princípios Orientadores sobre Empresas e Direitos Humanos.

5.2 SEGUNDO PILAR DOS PRINCÍPIOS DE RUGGIE: A RESPONSABILIDADE DAS EMPRESAS DE RESPEITAR OS DIREITOS HUMANOS E A FUNÇÃO PUNITIVA DA RESPONSABILIDADE CIVIL

A principiologia das responsabilidades atribuídas às empresas no concernente aos direitos humanos desdobra-se em quatro princípios fundamentais.

O primeiro deles preconiza que:

> As empresas devem respeitar os direitos humanos. Isso significa que devem se abster de infringir os direitos humanos de terceiros e enfrentar os impactos negativos sobre os direitos humanos nos quais tenham algum envolvimento (Princípio 11).[17]

Trata-se de uma norma internacional imponível às empresas que, conquanto advenha de um consenso mundial, não possui, no sistema regulatório global de direitos humanos, um organismo de coerção que fiscalize e imponha penalidades às empresas faltosas para com os direitos humanos.

Tal responsabilidade empresarial independe do cumprimento das obrigações dos próprios Estados para com os direitos humanos, porém o dever de abstenção de infringir os direitos humanos de terceiros, agregado ao dever de enfrentar o impacto negativo em caso de envolvimento com a violação de tais direitos, implica submeter-se e dar pronto cumprimento aos mandamentos judiciais em questões que envolvam, por exemplo, o direito à proteção de dados pessoais, não opondo resistência injustificada ao cumprimento ou atuando em abuso do direito de defesa, o que debilita a integridade dos processos judiciais ou sua efetividade.

Embora o poder vinculatório dos Princípios Orientadores em relação à empresas transnacionais seja restrito, há previsão no princípio fundamental número 12, de clara enunciação dos diplomas internacionais que devem balizar suas atividades, a saber:

---

17. EMPRESAS E DIREITOS HUMANOS. Disponível em: https://site-antigo.socioambiental.org/sites/blog.socioambiental.org/files/nsa/arquivos/conectas_principiosorientadoresruggie_mar20121.pdf. Acesso em: 15 nov. 2023.

> A responsabilidade das empresas de respeitar os direitos humanos refere-se aos direitos humanos internacionalmente reconhecidos – que incluem, no mínimo, os direitos enunciados na Carta Internacional de Direitos Humanos e os princípios relativos aos direitos fundamentais estabelecidos na Declaração da Organização Internacional do Trabalho relativa aos princípios e direitos fundamentais no trabalho (Princípio 12).[18]

As empresas transnacionais, em suas atividades, podem impactar uma ampla gama de direitos humanos internacionalmente estabelecidos, sendo sua obrigação respeitar todos esses direitos, nos mais diversos matizes, abrangendo as relações empresariais, de consumo, do trabalho e da proteção de dados pessoais.

Embora alguns desses direitos possam ser mais vulneráveis em certos contextos ou setores e, portanto, necessitem de maior atenção, é essencial uma revisão contínua da postura da empresa em relação a todos esses direitos, para garantir sua proteção e respeito.

A Carta Internacional de Direitos Humanos, composta pela Declaração Universal de Direitos Humanos e os principais tratados, como o Pacto Internacional de Direitos Civis e Políticos e o Pacto Internacional de Direitos Econômicos, Sociais e Culturais, juntamente com os princípios dos oito convênios da Organização Internacional do Trabalho, define os direitos humanos fundamentais reconhecidos globalmente.

Estes instrumentos são utilizados por diversas entidades para avaliar o impacto corporativo nos direitos humanos. Cabe destacar que a responsabilidade das empresas em respeitar os direitos humanos não se limita à mera conformidade legal, cuja regulação varia conforme as legislações nacionais, mas de adotar uma postura proativa na mitigação dos danos no caso concreto, diante da violação de direitos, sobretudo em questões de proteção de dados pessoais.

O desdobro do elenco de compromissos que as empresas transnacionais devem observar encontra-se no princípio fundamental de número 13:

> A responsabilidade de respeitar os direitos humanos exige que as empresas: (Princípio 13)
> A. Evitem que suas próprias atividades gerem impactos negativos sobre direitos humanos ou para estes contribuam, bem como enfrentem essas consequências quando vierem a ocorrer;
> B. Busquem prevenir ou mitigar os impactos negativos sobre os direitos humanos diretamente relacionadas com operações, produtos ou serviços prestados por suas relações comerciais, inclusive quando não tenham contribuído para gerá-los.[19]

---

18. EMPRESAS E DIREITOS HUMANOS. Disponível em: https://site-antigo.socioambiental.org/sites/blog.socioambiental.org/files/nsa/arquivos/conectas_principiosorientadoresruggie_mar20121.pdf. Acesso em: 15 nov. 2023.
19. EMPRESAS E DIREITOS HUMANOS. Disponível em: https://site-antigo.socioambiental.org/sites/blog.socioambiental.org/files/nsa/arquivos/conectas_principiosorientadoresruggie_mar20121.pdf. Acesso em: 15 nov. 2023.

O dever de proteção pelo Estado e a responsabilidade de respeito pelas empresas são aspectos complementares de uma mesma realidade, a da prevalência dos direitos humanos no desempenho da atividade empresarial transnacional.

O respeito consiste em pautar a atividade empresarial sob a perspectiva dos Princípios Orientadores, o que abrange, no vetor horizontal, suas ações e omissões, e, no vertical, os relacionamentos com sócios, acionistas, colaboradores, entidades ligadas à sua cadeia de valor, bem assim como toda e qualquer entidade estatal ou não estatal relacionada direta ou indiretamente com suas operações empresariais, de consumo ou trabalhistas.

A obrigação de respeito engloba, outrossim, a subsunção às consequências da violação aos direitos humanos, seja pela incondicional obediência às medidas indutivas, coercitivas, mandamentais ou sub-rogatórias necessárias para assegurar o cumprimento de ordem judicial,[20] como pelo servil cumprimento das sanções administrativas ou das indenizações impostas pelo Poder Judiciário através do instituto da responsabilidade civil.

Por outro lado, é característico de incidentes relacionados à proteção de dados pessoais que a reparação do dano pela responsabilidade civil não proveja ao ofendido a reparação ou compensação em sua exata medida, o que, por outro lado, não exaure a responsabilidade do violador do direito. Nesse aspecto, os Princípios Orientadores fazem expressa referências aos deveres acessórios da responsabilidade civil.

Segundo Nelson Rosenvald,[21] o descumprimento de um dever enseja a responsabilidade civil, como dever acessório, mas nele não se encerra. Existem obrigações que não decorrem da autonomia privada, mas de imposições éticas do sistema jurídico. São eles os deveres anexos da responsabilidade civil.

A boa-fé objetiva é princípio basilar do sistema jurídico privado, fazendo-se positivado no Código Civil,[22] no Código de Defesa do Consumidor[23] e na própria Lei Geral de Proteção de Dados Pessoais.[24]

---

20. BRASIL. *Lei nº 13.105, de 16 de março de 2015*. Código de Processo Civil. Disponível em: https://www.planalto.gov.br/ccivil_03/_ato2015-2018/2015/lei/l13105.htm. Acesso em: 15 nov. 2023 (art. 139, inc. IV).
21. ROSENVALD, Nelson. *Responsabilidade contratual*. Enciclopédia jurídica da PUC-SP. In: CAMPILONGO, Celso Fernandes; GONZAGA Alvaro de Azevedo; FREIRE. André Luiz (Coord.). 2. ed. São Paulo: Pontifícia Universidade Católica de São Paulo, 2021. t.: Direito Civil. Disponível em: https://enciclopediajuridica.pucsp.br/verbete/469/edicao-2/responsabilidade-contratual. Acesso em: 15 nov. 2023.
22. BRASIL. *Lei nº 10.406, de 10 de janeiro de 2002*. Institui o Código Civil. Disponível em: https://www.planalto.gov.br/ccivil_03/leis/2002/l10406compilada.htm. Acesso em: 15 nov. 2023 (art. 113, *caput*).
23. BRASIL. *Lei nº 8.078, de 11 de setembro de 1990*. Dispõe sobre a proteção do consumidor e dá outras providências. Disponível em: https://www.planalto.gov.br/ccivil_03/leis/l8078compilado.htm. Acesso em: 14 nov. 2023 (art. 4, inc. III).
24. BRASIL. *Lei nº 13.709, de 14 de agosto de 2018*. Lei Geral de Proteção de Dados Pessoais (LGPD). Disponível em: https://www.planalto.gov.br/ccivil_03/_ato2015-2018/2018/lei/l13709.htm. Acesso em: 14 nov. 2023 (art. 6º).

Sua violação extrapola o dever obrigacional da reparação, porquanto concebida como "pura ordem de defesa dos bens contra intromissões danosas originadas de outros sujeitos da comunidade". O mero dever genérico e negativo de abstenção não se coaduna com a exigência de colaboração e mitigação de danos advindos de uma relação jurídica subjacente. Transcendem, pois, o isolacionismo da reponsabilidade aquiliana.

Dentre os deveres anexos da responsabilidade civil, identificam-se o dever de informar ao destinatário do produto ou serviço, ou à parte negocial oposta, os riscos e características do negócio jurídico; o dever de vigilância, consistente na obrigação de monitorar constantemente situações e atividades, como forma de evitar danos; o dever de prevenção, que implica a tomada de medidas concretas de caráter comissivo ou omissivo, para evitar que o dano aconteça; e o dever de mitigar o próprio dano, para impedir o agravamento do dano após a sua ocorrência.

No contexto da economia digital, as empresas transnacionais de tecnologia da informação devem procurar mitigar os impactos negativos sobre os direitos humanos, inclusive quando não tenham contribuído para gerá-los. É dizer que, se está ao alcance de uma empresa contribuir para a minimização dos impactos negativos sobre direitos humanos decorrentes de conduta de terceiro, deve lançar mão desse expediente em nome da proteção desse direito, que tem preponderância na ordem global de direitos.

Ainda sob a ótica da responsabilidade das empresas para com os direitos humanos, preconiza-se:

> A responsabilidade das empresas de respeitar os direitos humanos aplica-se a todas as empresas independentemente de seu tamanho, setor, contexto operacional, proprietário e estrutura. No entanto, a magnitude e a complexidade dos meios dispostos pelas empresas para assumir essa responsabilidade pode variar em função desses fatores e da gravidade dos impactos negativos das atividades da empresa sobre os direitos humanos (Princípio 14).[25]

Este princípio trata da abrangência e individualização da responsabilidade civil. Sob essa perspectiva, não estão a salvo da responsabilidade de respeito aos direitos humanos as microempresas, sociedades individuais ou empresas de pequeno porte.

---

25. EMPRESAS E DIREITOS HUMANOS. Disponível em: https://site-antigo.socioambiental.org/sites/blog.socioambiental.org/files/nsa/arquivos/conectas_principiosorientadoresruggie_mar20121.pdf. Acesso em: 15 nov. 2023.

Ao contrário, a Autoridade Nacional de Proteção de Dados (ANPD) assumiu postura assertiva nessa direção, ao publicar regulação específica às microempresas e empresas de pequeno porte, no que diz respeito à proteção de dados pessoais.[26]

No mesmo sentido da individualização da resposta estatal, conquanto no âmbito administrativo, a ANPD regulamentou os critérios para a aplicação de sanções administrativas com vistas a observar a preconizada variação entre o porte econômico e técnico dos infratores, bem assim como a análise do impacto da violação à proteção de dados. A primeira aplicação de sanção administrativa pela ANPD observou tais critérios.[27]

Finalmente, o princípio fundamental número 15 prevê que:

> Para cumprir com sua responsabilidade de respeitar os direitos humanos, as empresas devem contar com políticas e procedimentos apropriados em função de seu tamanho e circunstâncias, a saber: (Princípio 15)
>
> A. Um compromisso político de assumir sua responsabilidade de respeitar os direitos humanos;
>
> B. Um processo de auditoria (*due diligence*) em matéria de direitos humanos para identificar, prevenir, mitigar e prestar contas de como abordam seu impacto sobre os direitos humanos;
>
> C. Processos que permitam reparar todas as consequências negativas sobre os direitos humanos que provoquem ou tenham contribuído para provocar.

Na seara de governança corporativa e adoção de boas práticas, a LGPD é pródiga no elenco de deveres impostos aos agentes de tratamento em aspectos como a segurança e sigilo de dados[28] e a previsão de boas práticas e governança.[29]

Nesse sentido, a adequação das empresas transnacionais de tecnologia da informação à LGPD perpassam pela observância de cada uma dessas regras que, distantes de expressar regionalismo na abordagem do tema, replicam preceitos do Regulamento Geral de Proteção de Dados europeu.

O compromisso de exercício de atividade empresarial, em conformidade com o direito fundamental à proteção de dados pessoais, é imperativo de respeito aos direitos humanos, segundo a perspectiva dos Princípios de Ruggie.

---

26. Resolução CD/ANPD nº 2, de 27 de janeiro de 2022. Disponível em: https://www.in.gov.br/en/web/dou/-/resolucao-cd/anpd-n-2-de-27-de-janeiro-de-2022-376562019.
27. Disponível em: www.gov.br/anpd/pt-br/assuntos/noticias/anpd-aplica-a-primeira-multa-por-descumprimento-a-lgpd.
28. BRASIL. *Lei nº 13.709, de 14 de agosto de 2018*. Lei Geral de Proteção de Dados Pessoais (LGPD). Disponível em: https://www.planalto.gov.br/ccivil_03/_ato2015-2018/2018/lei/l13709.htm. Acesso em: 14 nov. 2023 (arts. 46 a 49).
29. BRASIL. *Lei nº 13.709, de 14 de agosto de 2018*. Lei Geral de Proteção de Dados Pessoais (LGPD). Disponível em: https://www.planalto.gov.br/ccivil_03/_ato2015-2018/2018/lei/l13709.htm. Acesso em: 14 nov. 2023 (arts 50 e 51).

E os Estados devem promover políticas públicas para catalisar o processo e fomentar a observância das normas protetivas no setor privado.

Conforme postulam Eduardo Tuma e Fernando Antonio Tasso[30] a atuação coordenada da ANPD com outras pessoas políticas deve direcionar as ações estatais não apenas à coerção, mas ao incentivo da adoção de boas práticas de adequação das empresas à LGPD.

Estas últimas correspondem ao que Norberto Bobbio denomina sanções positivas, no sentido de premial:

> O Estado, à medida que dispõe de recursos econômicos cada vez mais vastos, venha a se encontrar em condição de determinar o comportamento dos indivíduos, não apenas como exercício da coação, mas também com o de vantagens de ordem econômica, isto é, desenvolvendo uma função não apenas dissuasiva, mas também como já foi dito, promocional. Em poucas palavras, essa função é exercida como a promessa de uma vantagem (de natureza econômica) a uma ação desejada, e não como uma ameaça de um mal a uma ação indesejada.[31]

Tuma e Tasso preconizam ideias alinhadas com a competência Constitucional dos entes federativos, dentre as quais: a) cadastro "do bem" de empresas alinhadas às boas práticas estabelecidas na LGPD e por meio de resoluções da ANPD, a partir de critérios objetivos, restando as inscrições ao cadastro abertas a todas as empresas interessadas, legalmente constituídas e com regularidade fiscal; b) política para aferição e atestado, com base na observância dos planos de adequação das empresas em matéria de proteção de dados, conferindo-se um "selo da empresa amiga da proteção de dados", mediante avaliação mais criteriosa do que a inclusão no "cadastro do bem"; c) diante da obtenção do selo, portanto sob escrutínio mais aprofundado, apresentar possíveis benefícios, tais como os de ordem fiscal; d) criação de um canal de apoio às empresas, para implementação e adequação aos critérios trazidos pela LGPD, baseado na ideia de um *squad*, que tem como objetivo auxiliar as empresas a implementarem todo o processo de segurança de dados, promovendo guias, *workshops*, seminários, treinamentos e a disponibilidade de central de dúvidas.

O estabelecimento desse alinhamento entre o poder público e a empresa, por meio da adesão a políticas de incentivo, é aquilo que concretamente se assemelha ao compromisso público para com a observância das normas nacionais de proteção de dados pelas empresas.

---

30. TUMA, Eduardo; TASSO, Fernando Antonio. Políticas públicas municipais de fomento à proteção de dados pessoais pelo setor privado. In: XAVIER, Fábio Correa; PAGLIA, Lucas (Coord.). *LGPD*: Boas Práticas para os municípios brasileiros. Salvador, BA: Editora Mente Aberta, 2022. p. 134-149.
31. BOBBIO, Norberto. *Da estrutura à função*. Trad. Daniela B. Versiani. Barueri: Manole, 2007. p. 68.

De remate, quando se trata de compromisso político para com uma postura de respeito aos direitos humanos, remete-se à questão da ostensividade.

Conforme tratado por Fernando Antonio Tasso em relação às instituições públicas de grande porte, ao analisar o processo de adequação do Tribunal de Justiça de São Paulo às normas da LGPD, a ostensividade se dá pelo patrocínio (*sponsorship*), que encerra a ideia de percepção de valor de determinada iniciativa para a instituição por um integrante da alta administração ou, *mutatis mutandis*, pelo mais alto nível da estrutura organizacional da empresa.[32]

No que se refere ao *due dilligence*, a LGPD tem previsão específica a respeito do Relatório de Impacto de Proteção de Dados Pessoais (RIPD), replicando o mecanismo de prevenção de dados do direito alienígena conhecido como DPIA – *Data Protection Impact Assessment*.

O RIPD é definido na lei protetiva como sendo a documentação do controlador, que contém a descrição dos processos de tratamento de dados pessoais que podem gerar riscos às liberdades civis e aos direitos fundamentais, bem como medidas, salvaguardas e mecanismos de mitigação de risco.[33]

A devida diligência preconizada pelos Princípios de Ruggie, em matéria de proteção de dados pessoais, se materializa, portanto, na realização do relatório de impacto nas hipóteses previstas na LGPD.[34]

A ausência desse instrumento de *due dilligence* tem impacto direto na avaliação da culpabilidade da empresa faltosa quando da quantificação do valor indenizatório da responsabilidade civil.

Trata-se, neste passo, de um desdobramento do processo de devida diligência em direitos humanos, porquanto, uma vez identificados de antemão os riscos e medidas de contenção de danos pelo Relatório de Impacto à Proteção de Dados Pessoais, as medidas reparatórias serão igualmente identificadas previamente à ocorrência do incidente, a permitir maior assertividade, acurácia e eficácia na intervenção.

---

32. TASSO, Fernando Antonio. Temas relevantes na implementação da LGPD em instituições públicas de grande porte – Estudo de caso do Tribunal de Justiça de São Paulo. In: FRANKOWSKI, Denise; TASSO, Fernando Antonio (Coord.). *A Lei Geral de Proteção de Dados Pessoais LGPD*: aspectos práticos e teóricos relevantes no setor público e privado. São Paulo. Thomson Reuters, 2021. p. 111.
33. BRASIL. *Lei nº 13.709, de 14 de agosto de 2018*. Lei Geral de Proteção de Dados Pessoais (LGPD). Disponível em: https://www.planalto.gov.br/ccivil_03/_ato2015-2018/2018/lei/l13709.htm. Acesso em: 14 nov. 2023 (art. 5º, inc. XVII).
34. Artigo 10, §3º e artigo 38 *caput* – BRASIL. *Lei nº 13.709, de 14 de agosto de 2018*. Lei Geral de Proteção de Dados Pessoais (LGPD). Disponível em: https://www.planalto.gov.br/ccivil_03/_ato2015-2018/2018/lei/l13709.htm. Acesso em: 14 nov. 2023.

É cediço que, embora adote boas práticas de governança e segurança da informação, a empresa pode provocar ou contribuir para provocar consequências negativas sobre os direitos humanos que não tenha previsto ou que tenha sido incapaz de evitar. Nesse caso, é sua responsabilidade reparar essa situação, por si só, ou em cooperação com outros atores.

5.2.1 A função punitiva da responsabilidade civil

Trata-se de função característica da responsabilidade criminal, que visa, com a imposição ao infrator de uma pena, a retribuir o ilícito, com castigo proporcional (finalidade retributiva), além de buscar dissuadir outras pessoas da prática de atos similares (prevenção geral) e, ainda, dissuadir o próprio criminoso da prática de novos crimes (prevenção especial).

Quando se fala na função punitiva da responsabilidade civil, pretende-se realçar que ela, ao impor sempre um sacrifício, maior ou menor que a estrita reparação do direito violado, ao lesante, acaba também este punido.

No sistema da *common law*, típico dos países anglo-saxônicos, a responsabilidade civil punitiva (*punitive damages*) tem raízes vetustas que, no contexto histórico desse sistema, surgiram como uma resposta jurisdicional a uma conduta repreensível, tendo em vista a necessidade de punir o ofensor e desestimulá-lo a cometer futuras ofensas. Diferentemente dos danos compensatórios, que têm como objetivo principal indenizar a vítima pelo dano sofrido, os *punitive damages* visam a punir o agente pelo caráter reprovável de sua conduta e dissuadir comportamentos similares.

Nos países que, como o Brasil, adotam o sistema da *civil law*, a existência de uma função punitiva da responsabilidade civil gera significativa polêmica na doutrina e jurisprudência. O principal argumento em desfavor de sua existência consiste no fato de que, já tendo obtido a vítima a reparação ou compensação pelo dano experimentado, não haveria razão para se atribuir outra função à responsabilidade civil.

A própria compensação patrimonial pelo dano extrapatrimonial, provida pela clássica função reparatória da responsabilidade civil, segundo Filipe Albuquerque Matos,[35] já comportaria em essência um viés de pena privada em benefício do lesado, porquanto se busca proporcionar a ele certa satisfação diante do mal que lhe fora infligido.

---

35. MATOS, Filipe Albuquerque. A compensação por danos não patrimoniais no Código Civil de 1966. In: BARBOSA, Mafalda Miranda; MUNIZ, Francisco. *Responsabilidade civil*: 50 anos em Portugal e 15 anos no Brasil. Salvador: JusPodivm, 2017. p. 47-48.

Nesse sentido, Fernando Noronha concorda que a adoção do critério da censurabilidade da conduta do lesante na fixação do *quantum* indenizatório representa, *per se*, uma pena privada. Conforme exemplifica o autor:

> É designadamente o que acontece com os danos puramente anímicos (ou morais em sentido estrito) e com os danos puramente corporais, que propriamente não se indenizam, apenas se lhes dá uma satisfação compensatória, ainda que de natureza pecuniária, como veremos noutros capítulos [8.1.2; v. 2, cap. 10]; é em especial na reparação desses danos que fica patente, mesmo que com relevo secundário, a finalidade de punição do lesante, sobretudo se agiu com forte culpa. Por outro lado, quando a conduta da pessoa obrigada à reparação for censurável, também é compreensível que a punição do responsável ainda seja uma forma de satisfação proporcionada aos lesados.[36]

Quando postulada a existência de um caráter punitivo autônomo em relação às demais funções da responsabilidade civil, Felipe Braga Neto[37] sustenta a plena aplicabilidade, dado o caráter aberto e dinâmico do instituto, tendo Maitê Proença Marinho[38] como defensora do melhor alcance do caráter inibitório da função punitiva pela condenação do ofensor ao pagamento de uma parcela autônoma.

Maria Celina Bodin de Moraes adverte para potencial violação do preceito constitucional da reserva legal na imposição de penalidade também na esfera civil e sustenta que, conquanto admita a função punitiva como exceção, identifica na normatização, clara e previamente à ocorrência do fato, quais seriam as situações ensejadoras de punição pelo instituto da pena privada.[39]

A síntese filosófica dos que sustentam sua existência foi definida por Flávio Maimone:

> Tal linha argumentativa sustenta-se no olhar não apenas para o caso, tampouco para a responsabilidade civil, mas para uma série de preceitos constitucionais, como os da tutela da dignidade da pessoa humana, da solidariedade social, da função social da propriedade, tudo em consonância com os princípios da operabilidade, socialidade e eticidade, tornando mais efetivo o desestímulo de práticas abusivas e condutas ilícitas.[40]

Parece coerente a invocação da tutela de direitos humanos de primeira grandeza, como a dignidade da pessoa humana, a solidariedade social e a fun-

---

36. NORONHA, Fernando. *Direito das Obrigações*. 4. ed. rev. e atual. São Paulo: Saraiva, 2013. p. 175.
37. BRAGA NETTO, Felipe. *Novo manual de responsabilidade civil*. Salvador: JusPodivm, 2019. p. 98.
38. MARINHO, Maitê Proença. Indenização Punitiva: potencialidades no ordenamento brasileiro. In: SOUZA, Eduardo Nunes; SILVA, Rodrigo da Guia. *Controvérsias atuais em responsabilidade civil*: estudos de direito civil-constitucional. São Paulo: Almedina, 2018. p. 658.
39. BODIN DE MORAES, Maria Celina. *Danos à pessoa humana*: uma leitura civil-constitucional dos danos morais. 2. ed. rev. Rio de Janeiro: Editora Processo, 2017. p. 217-227.
40. MAIMONE, Flávio Henrique Caetano de Paula. *Responsabilidade Civil na LGPD*: efetividade na proteção de dados pessoais. São Paulo: Editora Foco, 2022. p. 48.

ção social da propriedade para justificar a tutela de direito igualmente humano consistente na proteção de dados pessoais, de modo a dar supedâneo idôneo à função punitiva da responsabilidade civil.

Com efeito, a par dos preceitos constitucionais que positivaram, no mais alto nível do ordenamento jurídico, tais direitos estão as disposições da própria LGPD a autorizar a utilização do instituto da reponsabilidade civil, com viés também punitivo, para sensibilizar as empresas transnacionais de tecnologia da informação sobre o imperativo de respeito ao direito humano de proteção de dados pessoais, em observância aos Princípios de Ruggie.[41]

No contexto de assimetria de poder econômico entre as partes da relação jurídica travada entre as empresas transnacionais de tecnologia da informação e o titular de dados pessoais, o reconhecimento pela jurisprudência e a contundente aplicação do caráter punitivo da responsabilidade civil pelo julgador teriam, em boa medida, o condão de atingir o aspecto mais sensível dessa peculiar atividade empresarial, qual seja, o lucro obtido pela violação de um direito humano e fundamental e, dessa forma, promover o desejado respeito à proteção de dados.

5.3 TERCEIRO PILAR DOS PRINCÍPIOS DE RUGGIE: O ACESSO A MECANISMOS DE REPARAÇÃO E A FUNÇÃO REPARATÓRIA DA RESPONSABILIDADE CIVIL

A atuação estatal para que, no exercício de sua soberania, proveja a reparação de danos ocorridos em seu território é prevista no princípio fundamental número 25.

> Como parte de seu dever de proteção contra violações de direitos humanos relacionadas com atividades empresariais, os Estados devem tomar medidas apropriadas para garantir, pelas vias judiciais, administrativas, legislativas ou de outros meios que correspondam, que quando se produzam esse tipo de abusos em seu território e/ou jurisdição os afetados possam acessar mecanismos de reparação eficazes (Princípio 25).[42]

Quando os Estados negligenciam sua responsabilidade de investigar, punir e reparar violações de direitos humanos associadas às empresas, seu compromisso

---

41. Dentre os fundamentos da disciplina da proteção de dados pessoais, conforme o artigo 2º da LGPD estão: "VII – os direitos humanos, o livre desenvolvimento da personalidade, a dignidade e o exercício da cidadania pelas pessoas naturais" (BRASIL. *Lei nº 13.709, de 14 de agosto de 2018*. Lei Geral de Proteção de Dados Pessoais (LGPD). Disponível em: https://www.planalto.gov.br/ccivil_03/_ato2015-2018/2018/lei/l13709.htm. Acesso em: 14 nov. 2023).
42. EMPRESAS E DIREITOS HUMANOS. Disponível em: https://site-antigo.socioambiental.org/sites/blog.socioambiental.org/files/nsa/arquivos/conectas_principiosorientadoresruggie_mar20121.pdf. Acesso em: 15 nov. 2023.

com a proteção desses direitos se enfraquece e pode até ser posto em dúvida. Os meios de reparação envolvem aspectos processuais e substanciais, bem assim como jurisdicionais ou administrativos.

As formas de reparação podem abranger atos de desagravo, restituição, reabilitação, compensação financeira e não financeira e, inclusive, sanções como multas e medidas preventivas.

A Lei Geral de Proteção de Dados Pessoais prevê sanções no âmbito do direito administrativo sancionatório consistentes em advertência, multa simples, multa diária, publicização da infração, bloqueio e eliminação de dados pessoais, bem assim como o a suspensão parcial do banco de dados e suspensão ou proibição, total ou parcial, do exercício de atividades relacionadas a tratamento de dados.

No mesmo diploma, existe seção específica que trata da responsabilidade civil imponível aos agentes de tratamento, controlador e operador, para os casos de dano patrimonial, moral, individual ou coletivo, decorrente da violação da legislação de proteção de dados pessoais.

A reparação pela via judicial é feita pelo instituto da responsabilidade civil, e indica que aplicação ao caso concreto é feita pelo processo judicial, função estatal privativa do Poder Judiciário.

Para assegurar o acesso à reparação, é crucial que os cidadãos estejam cientes desses mecanismos, saibam como acessá-los e recebam o suporte necessário das instituições que integram o sistema de Justiça, como a Defensoria Pública e o Ministério Público. Esse aparato estatal deve ser a fundação de um sistema abrangente de reparação.

A eficácia da via judicial é essencial para garantir o acesso à reparação. Sua capacidade para fazer frente às violações dos direitos humanos relacionadas com empresas depende de sua imparcialidade, integridade e capacidade de fazer respeitar o devido processo legal.

Os Estados devem facilitar o acesso à via judicial de reparação do direito humano lesado, mediante utilização de recursos tecnológicos, como o processo digital, o peticionamento eletrônico e a prática de atos processuais pela via remota, sem prejuízo de estimular a reparação pela via extrajudicial pelos meios adequados de solução de conflito, como a conciliação, a mediação e a arbitragem.

Prover um mecanismo de acesso idôneo perpassa pela atividade correcional atribuída às Corregedorias Gerais da Justiça de cada um dos 91 Tribunais brasileiros e, em última instância, à Corregedoria Nacional de Justiça, como forma de fiscalizar a idoneidade do julgador, bem assim como a observância da duração do processo por tempo razoável. É também função das Corregedorias garantir, pela atividade fiscalizatória, que os tribunais sejam independentes de pressões econômicas ou políticas de outros agentes do Estado e de atores empresariais, e que não se ponham obstáculos às atividades legítimas e pacíficas dos defensores de direitos humanos.

5.3.1 A função reparatória da responsabilidade civil

A função reparatória é, se não a mais evidente das funções do instituto da responsabilidade civil, por certo é a mais proeminente, sendo, por esse motivo, considerada sua função clássica.

Ricardo dal Pizzol aponta que o ofuscamento da função punitiva, sua característica principal na Alta Idade Média, se deu pelo impacto do Direito Canônico e pela doutrina cristã, que promoveu a substituição das ideias de punição e vingança pelas de perdão e misericórdia. Identifica-se, na doutrina de São Tomás de Aquino, baseada no conceito de justiça comutativa de Aristóteles, a ideia de condenação da transferência injustificada de riqueza de um sujeito para outro, e preconiza, no âmbito da responsabilidade civil, a limitação da obrigação ao ressarcimento do dano efetivamente sofrido.[43]

Portanto, desde os primórdios da Era Moderna, aquele que lesa o direito de outrem é obrigado a restabelecer a vítima às condições anteriores à lesão e, na impossibilidade de fazê-lo, compensá-la pelo prejuízo equivalente.

Nas palavras de Carlos Roberto Gonçalves "A responsabilidade civil tem, pois, como um de seus pressupostos a violação do dever jurídico e o dano. Há um dever jurídico originário, cuja violação gera um dever jurídico sucessivo ou secundário, que é o de indenizar o prejuízo".[44]

Muito embora a noção clássica da função reparatória seja tão somente a recomposição patrimonial da vítima na exata medida da lesão, na concepção moderna do direito civil, interpretado à luz da Constituição Federal, de forte cunho humanista, como aponta Vitor Ottoboni Pavan, a responsabilidade civil passa a ter como objetivo principal a tutela da vítima, prioritariamente quanto à reparação dos danos.

---

43. PIZZOL, Ricardo dal. *Responsabilidade Civil*: funções punitiva e preventiva. São Paulo: Editora Foco, 2020. p. 136-137.
44. GONÇALVES, Carlos Roberto. *Responsabilidade Civil*. 10. ed. São Paulo: Revista dos Tribunais, 2007 apud TASSO, Fernando Antonio. A responsabilidade civil na Lei Geral de Proteção de Dados e sua interface com o Código Civil e o Código de Defesa do Consumidor. *Cadernos Jurídicos* – Escola Paulista da Magistratura, São Paulo, ano 21, n. 3, p. 97-115, jan./mar. 2020. Disponível em: https://www.tjsp.jus.br/download/EPM/Publicacoes/CadernosJuridicos/ii_1_interface_entre_a_lgpd.pdf?d=637250344175953621. Acesso em: 15 nov. 2023. p. 106.

Significa dizer que "o direito civil contemporâneo tende à eliminação de obstáculos que impeçam a reparação da vítima quanto aos danos a ela causados, subvertendo a lógica liberal e colocando o patrimônio a serviço da tutela da pessoa, e não o contrário".[45]

Nesse contexto, a função reparatória da responsabilidade civil em matéria de proteção de dados pessoais deve contemplar não apenas o aspecto patrimonial da lesão, mas os danos existenciais e extrapatrimoniais.

Essa moderna concepção se amolda perfeitamente ao contexto das relações empresariais e de consumo travadas no ambiente digital, porquanto, ao tratar dados pessoais para prover serviços ou fornecer produtos, baseando a atividade no tratamento de dados pessoais, na maior parte das vezes, os danos patrimoniais, quando identificáveis, são diminutos em relação à extensão dos danos de natureza extrapatrimonial ou existencial.

Basta imaginar a situação do indivíduo que tem dados sensíveis de saúde vazados, ou indevidamente compartilhados entre instituições do ramo. A violação do dever de tratamento legítimo pelo controlador pode não produzir imediatamente um resultado economicamente aferível. Porém, a turbação de ânimo infligida ao titular, bem assim como a perda de tempo útil de vida (dano existencial), que busca reverter ou minimizar os efeitos reflexos desse fato, como o aumento do valor de seu plano de saúde, a negativa de migração para um novo plano de saúde, ou o impacto negativo em seu escore creditício devem ser abarcadas pela tutela reparatória.

De remate, a doutrina de Salvatore Mazzamuto e Armando Plaia, citados por Vitor Ottoboni, parece sintetizar os diferentes aspectos da tutela reparatória, ao afirmar que o restabelecimento equilíbrio pela reparação se dá pela tutela restitutória, ressarcitória e satisfativa.

A primeira tem por objetivo a restauração das condições que foram alteradas pela violação do direito, que supre a necessidade da recondução do lesado à situação que se encontrava antes da violação ao direito, ou seja, materialmente correspondente. Consiste na restauração *in natura* da situação jurídica violada, buscando o equilíbrio basilar obliterado.

A tutela ressarcitória, por seu turno, corresponde ao pagamento do equivalente em dinheiro por aquilo cuja restituição *in natura* se torna impossível, e implica uma compensação pelo dano sofrido.

---

45. PAVAN, Vitor Ottoboni. *Responsabilidade civil e ganhos ilícitos*: a quebra do paradigma reparatório. Rio de Janeiro: Lumen Juris, 2020. p. 87.

Finalmente, a tutela satisfativa busca a reparação *in natura* do interesse inadimplido total ou parcialmente, ainda que a hipótese ressarcitória também se apresente viável. Exemplifica-se com a possibilidade de cumprimento específico da obrigação, previsto no artigo 475 do Código Civil.[46] Esta opção, segundo Mazzamuto e Plaia, é a solução que respeita a relação de autonomia de vontade e mercado.[47]

Assim sendo, a busca da reparação do direito fundamental de proteção de dados pessoais pelo titular pelo instituto da responsabilidade civil, através da função estatal da jurisdição, demonstra ter plenas condições dogmáticas de reparação do indivíduo, como forma de impor às empresas transnacionais de tecnologia da informação, responsáveis pela lesão, a efetiva recomposição do dano.

---

46. Código Civil. Artigo 475. A parte lesada pelo inadimplemento pode pedir a resolução do contrato, se não preferir exigir-lhe o cumprimento, cabendo, em qualquer dos casos, indenização por perdas e danos. (BRASIL. *Lei nº 10.406, de 10 de janeiro de 2002*. Institui o Código Civil. Disponível em: https://www.planalto.gov.br/ccivil_03/leis/2002/l10406compilada.htm. Acesso em: 15 nov. 2023).
47. MAZZAMUTO, Salvatore; PLAYA, Armando. *I remedi nel diritto privato europeo*. Torino: Giappichelli, 2012. passim.

CONCLUSÃO

As mudanças conjunturais na história da sociedade observadas nas últimas duas décadas foram promovidas pelo avanço tecnológico, representado, em essência, pelo crescimento na utilização da Internet, em termos de escala e alcance territorial, e pela evolução das tecnologias de coleta e tratamento massivo de dados pessoais. O resultado dessas modificações foi tratado, nesta obra, sob as perspectivas da atividade econômica das empresas transnacionais de tecnologia da informação, do direito à proteção de dados pessoais como um direito humano e fundamental e do papel regulatório global e local como tentativa de harmonização entre o desenvolvimento econômico e a tutela da personalidade.

As empresas transnacionais de tecnologia da informação estão entre as empresas de maior valor de mercado na economia digital. Suas atividades estão baseadas na utilização de recursos de tecnologia da informação e no tratamento de dados pessoais, que são o insumo que lhes permite atuar no mercado em escala global com alta lucratividade, bem assim como determinar ou antever o comportamento de seus consumidores, pessoas físicas, o que fomenta a própria demanda. Esse modelo de negócio é, por vezes, desempenhado à margem do conhecimento dos titulares dos dados pessoais, ou em clara violação a direitos personalíssimos e, na maior parte das vezes, em afronta ao direito à proteção de dados pessoais.

A proteção de dados pessoais é direito humano decorrente do direito à privacidade e foi reconhecida como direito fundamental pela Carta de Direitos Fundamentais da União Europeia do ano 2000. Desde então, as nações soberanas de todo o globo seguem a tendência mundial de observar, em seus limites territoriais, normas de proteção de dados pessoais às quais devem se submeter as empresas transnacionais de tecnologia da informação.

No Brasil, mercê da Lei Geral de Proteção de Dados Pessoais – Lei nº 13.709, de 14 de agosto de 2018 – e a subsequente elevação do direito à proteção de dados pessoais ao patamar constitucional como direito fundamental pela Emenda Constitucional nº 115, de 10 de fevereiro de 2022, o descumprimento do dever de cuidado para com os dados pessoais enseja a reparação do dano pelo instituto da responsabilidade civil provida pela função jurisdicional estatal.

A pesquisa demonstrou que o instituto da responsabilidade civil é apto, estrutural e funcionalmente, a concretizar, no sistema regulatório interno, a proteção ao direito e a reparação ao indivíduo diante de uma violação do direito e fundamental à proteção de dados pessoais por empresa transacional de tecnologia da informação.

As funções da responsabilidade civil guardam direta relação com os vetores axiológicos dos Princípios Orientadores sobre Empresas e Direitos Humanos, a demonstrar que os deveres de proteção, respeito e reparação impostos aos Estados nacionais e empresas transnacionais, no plano global, encontram, na aplicação das normas internas de regulação de proteção de dados pessoais, a almejada concretização do que se tenciona alcançar em nível global.

A comprovação da tese ora alcançada suscita novos questionamentos que, embora não sejam objeto desta pesquisa, trazem novas luzes à questão da eficácia do sistema regulatório interno.

Estudos baseados na jurimetria apontam que, no plano da eficácia, o sistema regulatório interno de proteção de dados pessoais tem se mostrado em inquestionável evolução, porém ainda aquém de impedir a reiteração e crescente agravamento da conduta lesiva praticada pelas empresas transnacionais de tecnologia da informação.

Conforme se observa do Relatório Anual de Jurimetria 2022 – LGPD *Lookout*,[1] um levantamento das decisões de segunda instância e de Tribunais Superiores, compreendidas no período de 1º.01.2022 a 31.12.2022, e consideradas apenas as que, no mérito, tratam de temas dispostos na LGPD, chegou-se ao número de 177 decisões,[2] num universo de 31.754.773 processos baixados, segundo o Painel "Estatísticas do Poder Judiciário", do Conselho Nacional de Justiça,[3] o que revela que a procura pelo Poder Judiciário, para dirimir conflitos em tema de proteção de dados pessoais, ainda é pequena, porém concentrada no Tribunal de Justiça do Estado de São Paulo, que responde por 84% de processos com essa temática.[4]

Dos 177 processos analisados, cerca de 57% das decisões em segunda ou superior instância que trataram da matéria trazida pela Lei Geral de Proteção de Dados não resultaram em qualquer condenação, sendo, portanto, mantida ou decretada a improcedência ou extinção do feito.

---

1. Realizado pelo escritório Opice Blum e Associados (OPICE BLUM. LGPD_Lookout. *Relatório anual de jurimetria 2022*. Disponível em: https://opiceblum.com.br/wp-content/uploads/2019/07/09-relatorio-jurimetria-2022.pdf. Acesso em: 15 nov. 2023).
2. O estudo revelou que 84% das decisões cujo mérito foi a LGDP provêm do Tribunal de Justiça de São Paulo. (Ibidem, p. 12).
3. Pesquisa realizada no Painel "Estatísticas do Poder Judiciário", disponível em: https://painel-estatistica.stg.cloud.cnj.jus.br/estatisticas.html, utilizando-se como filtro o Ano de 2022.
4. OPICE BLUM, op. cit., p. 12.

As causas do baixo índice de resposta positiva ao exercício do direito de ação não podem ser prospectadas com profundidade para a finalidade da presente pesquisa. Porém, se cotejadas ao percentual de 65% correspondente às decisões que exigem a comprovação do dano naturalístico para a caracterização do dano e do fato que 92% das condenações de caráter pecuniário não superam o valor de R$10.000,00 (dez mil reais), o baixo índice poderia sugerir dificuldade em aferir e dimensionar a importância do direito em disputa, identificando-o como um direito humano e fundamental a exigir, segundo mandamento da ordem regulatória global, uma firme atuação estatal no cumprimento de sua missão de proteger e reparar eficientemente violações a direitos humanos, como é o direito à proteção de dados pessoais.

Os achados dessa pesquisa são confirmados por outro estudo jurimétrico da mesma natureza, e com o mesmo recorte metodológico, realizado pelo Centro de Direito, Internet e Sociedade (CEDIS-IDP),[5] que abrangeu os anos de 2021 e 2022: após analisar 1789 decisões que mencionam o tema de proteção de dados pessoais, foram encontradas 137 decisões cuja questão central é a LGPD, das quais 81 (59%) provêm do Tribunal de Justiça de São Paulo.

Este revelou, por outro lado, que a responsabilidade civil é fundamento de 49% das decisões estudadas, e representa o primeiro e mais relevante fundamento que subsidia a busca da resposta estatal jurisdicional para os casos de violação de dados pessoais.[6]

Nesse contexto, a conclusão que o Brasil possui condições estruturais, pelo exercício da função jurisdicional pelo Estado, bem como condições legais de proteger, fazer respeitar e reparar violação ao direito humano e fundamental à proteção de dados, faz suscitar novos questionamentos.

Caberia, portanto, indagar se, caso a reparação de danos aos titulares lesados que buscam o Poder Judiciário fosse expressiva e consistentemente aplicada, a ponto de causar impacto econômico às empresas transnacionais de tecnologia da informação, o direito fundamental à proteção de dados seria efetivamente observado pelas empresas que hoje o violam.

A resposta a esse questionamento poderia assumir, em tese, pelo menos duas formas diametralmente opostas. Os estudos jurimétricos revelaram a predominância na fixação de valores indenizatórios que raramente alcançam os dois dígitos de milhares, fundamentando-se no critério da modicidade, que estabelece

---

5. Disponível em: https://painel.jusbrasil.com.br/.
6. A análise se debruçou sobre os dados do painel "Quantitativo de palavras-chave por problema".

que não se pode, à guisa de reparar o dano, promover o enriquecimento ilícito do indivíduo, sob pena de se fomentar a propalada "indústria do dano moral".

Em posição oposta, encontram-se julgados que fixam a reparação do dano em valores expressivos, baseando-se no caráter punitivo do dano moral ou no enriquecimento ilícito da empresa de tecnologia pelo lucro da intervenção, convictos de que, pela reiteração de indenizações altas, o Estado-Juiz conseguirá demovê-las da reiterada prática de violação ao direito fundamental, por tê-las atingido naquilo que é sua finalidade existencial, a obtenção de lucro.

Trata-se de questão de muitos matizes que apenas corroboram as conclusões alcançadas, pois consistem em natural desdobramento da confirmação de que o Estado brasileiro tem plenas condições estruturais e legais de prover jurisdição, para tutelar o direito humano e fundamental à proteção de dados pessoais pelo instituto da responsabilidade civil.

Demonstrado está, portanto, que, sob os planos de existência e validade, o sistema regulatório interno tem absoluta condição de tutelar o direito humano e fundamental à proteção de dados pessoais, para concretizar, em nível local, o sistema regulatório global de proteção aos direitos humanos, sob o específico aspecto da proteção de dados pessoais.

REFERÊNCIAS

ARAÚJO, Luiz Alberto David; NUNES JÚNIOR, Vidal Serrano. *Curso de direito constitucional*. 23. ed. rev. e atual. São Paulo: Manole, 2021.

ARENDT, Hannah. *Vita Activa:* la condizione umana. Milano: Bompiani, 1998.

ARISTÓTELES. *Política*. 2. ed. Bauru: Edipro, 2009.

BALU, Nivedita; RANDEWICH, Noel. Apple becomes first company to hit $3 trillion market value, then slips. *Reuters*, 04 Jan. 2022. Disponível em: https://www.reuters.com/markets/europe/apple-gets-closer-3-trillion-market-value-2022-01-03/. Acesso em: 14 nov. 2023.

BENACCHIO, Marcelo; MOURA RIBEIRO, Paulo Dias de. As empresas transnacionais e os Princípios Orientadores sobre empresas e direitos humanos da Organização das Nações Unidas. *Relações Internacionais no Mundo Atual*, Curitiba, v. 2, n. 35, p. 277-295, 2022. DOI http://dx.doi.org/10.21902/Revrima.v2i35.5894. Disponível em: https://revista.unicuritiba.edu.br/index.php/RIMA/article/view/5894. Acesso em: 14 nov. 2023.

BIANCHI, Thiago. Global market share of leading search engines 2015-2023. *Statista*, 24 Mayo 2023. Disponível em: https://www.statista.com/statistics/1381664/worldwide-all-devices-market-share-of-search-engines/. Acesso em: 14 nov. 2023.

BIONI, Bruno R. *Proteção de dados pessoais*: a função e os limites do consentimento. 2. ed. Rio de Janeiro: Forense, 2020.

BOBBIO, Norberto. *Da estrutura à função*. Trad. Daniela B. Versiani. Barueri: Manole, 2007.

BODIN DE MORAES, Maria Celina. *Danos à pessoa humana:* uma leitura civil-constitucional dos danos morais. 2. ed. rev. Rio de Janeiro: Editora Processo, 2017.

BONOTTI, Rachel Vecchi. A ética empresarial como instrumento de efetivação dos direitos sociais: o desafio diante à atuação das empresas transnacionais no mercado globalizado. 2022. 117 f. Dissertação (Mestrado em Direito) – Universidade Nove de Julho, UNINOVE, São Paulo, 2022.

BRAGA NETTO, Felipe. *Novo manual de responsabilidade civil*. Salvador: JusPodivm, 2019.

BRASIL. Câmara dos Deputados. *Projeto de Lei nº 21, de 2020 (Do Sr. Eduardo Bismarck)*. Urgência – art. 155 RICD. Estabelece princípios, direitos e deveres para o uso de inteligência artificial no Brasil, e dá outras providências. Disponível em: https://www.camara.leg.br/proposicoesWeb/prop_mostrarintegra?codteor=2039982. Acesso em: 14 nov. 2023.

BRASIL. *Constituição da República Federativa do Brasil de 1988*. Disponível em: https://www.planalto.gov.br/ccivil_03/constituicao/constituicao.htm. Acesso em: 14 nov. 2023.

BRASIL. *Decreto nº 7.962, de 15 de março de 2013*. Regulamenta a Lei nº 8.078, de 11 de setembro de 1990, para dispor sobre a contratação no comércio eletrônico. Disponível em: https://www.planalto.gov.br/ccivil_03/_ato2011-2014/2013/decreto/d7962.htm. Acesso em: 14 nov. 2023.

BRASIL. *Lei nº 10.406, de 10 de janeiro de 2002*. Institui o Código Civil. Disponível em: https://www.planalto.gov.br/ccivil_03/leis/2002/l10406compilada.htm. Acesso em: 15 nov. 2023.

BRASIL. *Lei nº 12.965, de 23 de abril de 2014*. Estabelece princípios, garantias, direitos e deveres para o uso da Internet no Brasil. Disponível em: https://www.planalto.gov.br/ccivil_03/_ato2011-2014/2014/lei/l12965.htm. Acesso em: 14 nov. 2023.

BRASIL. *Lei nº 13.105, de 16 de março de 2015*. Código de Processo Civil. Disponível em: https://www.planalto.gov.br/ccivil_03/_ato2015-2018/2015/lei/l13105.htm. Acesso em: 15 nov. 2023.

BRASIL. *Lei nº 13.709, de 14 de agosto de 2018*. Lei Geral de Proteção de Dados Pessoais (LGPD). Disponível em: https://www.planalto.gov.br/ccivil_03/_ato2015-2018/2018/lei/l13709.htm. Acesso em: 14 nov. 2023.

BRASIL. *Lei nº 7.232, de 29 de outubro de 1984*. Dispõe sobre a Política Nacional de Informática, e dá outras providências. Disponível em: https://www.planalto.gov.br/ccivil_03/Leis/L7232.htm. Acesso em: 14 nov. 2023.

BRASIL. *Lei nº 8.078, de 11 de setembro de 1990*. Dispõe sobre a proteção do consumidor e dá outras providências. Disponível em: https://www.planalto.gov.br/ccivil_03/leis/l8078compilado.htm. Acesso em: 14 nov. 2023.

BRASIL. Ministério da Mulher, da Família e dos Direitos Humanos. *Princípios orientadores sobre empresas e direitos humanos*: implementando os parâmetros "proteger, respeitar e reparar" das Nações Unidas. [2011]. Disponível em: https://www.gov.br/mdh/pt-br/assuntos/noticias/2019/outubro/Cartilha_versoimpresso.pdf. Acesso em: 14 nov. 2023.

BRASIL. Supremo Tribunal Federal (STF). *Ação Direta de Inconstitucionalidade nº 6.393/2020*. Relatora: Ministra Rosa Weber. Julgamento em: 07/05/2020. Publicado em: 12/11/2020. Disponível em: https://portal.stf.jus.br/processos/detalhe.asp?incidente=5896399. Acesso em: 14 nov. 2023.

CANOTILHO, José Joaquim Gomes. *Direito constitucional e teoria da constituição*. 5. ed. Coimbra: Almedina, 2002.

CARLSSON, Bo. The Digital Economy: what is new and what is not? *Structural Change anda Economic Dynamics*, v. 15, n. 3, Sept. 2004. DOI https://doi.org/10.1016/j.strueco.2004.02.001. Disponível em: https://www.sciencedirect.com/science/article/abs/pii/S0954349X04000165. Acesso em: 14 nov. 2023.

CENTRO REGIONAL DE ESTUDOS PARA O DESENVOLVIMENTO DA SOCIEDADE DA INFORMAÇÃO – CETIC.BR. *Resumo Executivo*: pesquisa sobre o uso das Tecnologias de Informação e Comunicação nos domicílios brasileiros – TIC Domicílios 2021. São Paulo: CETIC.BR|NIC.BR, 21 nov. 2022. Disponível em: https://cetic.br/pt/publicacao/resumo-executivo-pesquisa-sobre-o-uso-das-tecnologias-de-informacao-e-comunicacao-nos-domicilios-brasileiros-tic-domicilios-2021/. Acesso em: 14 nov. 2023.

CHIAVENATO, Idalberto. *Introdução à teoria geral da administração*. Rio de Janeiro: Elsevier, 2003.

COLOMBO, Luciane Ozelame Ribas; FAVOTO, Thais. Brandt; CARMO, Sidney Nascimento do. A evolução da sociedade de consumo. *Akrópólis*, Umuarama, v. 16, n. 3, p. 143-149, jul./set. 2008. Disponível em: https://ojs.revistasunipar.com.br/index.php/akropolis/article/view/2462. Acesso em: 14 nov. 2023.

CONSELHO NACIONAL DE JUSTIÇA. *Pacto Pela Implementação dos Objetivos de Desenvolvimento Sustentável da Agenda 2030 no Poder Judiciário e Ministério Público*. Disponível em: https://www.cnj.jus.br/wp-content/uploads/2019/09/578d5640079e4b7cca-5497137149fa7f.pdf. Acesso em: 14 nov. 2023.

CONSELHO NACIONAL DE JUSTIÇA. *Resolução nº 325 de 29/06/2020*. Dispõe sobre a Estratégia Nacional do Poder Judiciário 2021-2026 e dá outras providências. Disponível em: https://atos.cnj.jus.br/atos/detalhar/3365. Acesso em: 14 nov. 2023.

CONSELHO NACIONAL DE JUSTIÇA. *Resolução nº 332, de 21/08/2020*. Dispõe sobre a ética, a transparência e a governança na produção e no uso de Inteligência Artificial no Poder Judiciário e dá outras providências. Disponível em: https://atos.cnj.jus.br/files/original191707202008255f4563b35f8e8.pdf. Acesso em: 14 nov. 2023.

DECLARAÇÃO DE SANTA CRUZ DE LA SIERRA. A inclusão social, motor do desenvolvimento da Comunidade Ibero-Americana. CUMBRE IBEROAMERICANA, 13.; CIMEIRA IBERO-AMERICANA DE CHEFES DE ESTADO E DE GOVERNO, 13, 2003. Santa Cruz de La Sierra, Bolívia. *Anais* [...]. Santa Cruz de La Sierra, Bolívia, 2003. p. 1-10. Disponível em: https://www.segib.org/wp-content/uploads/DECLARASAO-STA-CRUZ-SIERRA.pdf. Acesso em: 14 nov. 2023.

DONEDA, Danilo. *Da privacidade à proteção de dados pessoais*. 2. ed. São Paulo: Thomson Reuters Brasil, 2019.

DUBY, Georges; ARIÈS, Phillipe. *La vita privata:* dal Feudalismo al renascimento. Bari: Laterza, 2001.

EMPRESAS E DIREITOS HUMANOS. Disponível em: https://site-antigo.socioambiental.org/sites/blog.socioambiental.org/files/nsa/arquivos/conectas_principiosorientadoresruggie_mar20121.pdf. Acesso em: 15 nov. 2023.

ENGLISCH, Joachim. BEPS Action 1: digital economy – EU law implications. *British Tax Review*, 280-307, 2015. Disponível em: https://bit.ly/2Hem9qo.

FARIA, José Eduardo. Direitos humanos e globalização econômica: notas para uma discussão. *Estudos Avançados*, v. 11, n. 30, p. 43-53, 1997. Disponível em: https://www.revistas.usp.br/eav/article/view/8944. Acesso em: 8 out. 2023.

FIORILLO, Celso Antonio P. *Curso de direito ambiental brasileiro*. São Paulo: Saraiva, 2022. E-book. ISBN 9786555596748. Disponível em: https://integrada.minhabiblioteca.com.br/#/books/9786555596748/. Página 1.056. Acesso em: 29 abr. 2023.

FIORILLO, Celso Antonio Pacheco. *As empresas transnacionais e sua regulação constitucional em face dos princípios gerais da atividade econômica*. Rio de Janeiro: Lumen Juris, 2022.

FOSSATI, Gustavo; PAULA, Daniel Giotti de. *Tributação da economia digital na esfera internacional*. Rio de Janeiro: FGV Rio, 2022. v. 4.

FOURNIER, Laurent. Merchant sharing towards a zero marginal cost economy. *arXiv*, 7 Mayo 2014. DOI https://doi.org/10.48550/arXiv.1405.2051. Disponível em: https://arxiv.org/pdf/1405.2051.pdf. Acesso em: 14 nov. 2023.

FROMHOLZ, Julia M. The European Union data privacy directive. *Berkeley Technology Law Journal*, v. 15, n. 1, p. 461, 2000. DOI https://doi.org/10.15779/Z383D48. Disponível em: https://lawcat.berkeley.edu/record/1117206. Acesso em: 14 nov. 2023.

GOMES, Daniel de Paiva; GOMES, Eduardo de Paiva; PRZEPIORKA, Michell; FERRARI, Bruna Camargo; BERGAMINI, Adolpho; BOSSA, Gisele Barra; CANEN, Dóris. Os desafios impostos pela economia digital e o Plano de Ação 1 do projeto BEPS da OCDE. In: PISCITELI, Tatiane e BOSSA, Gisele Barra. *Tributação da nuvem:* conceitos tecnológicos, desafios internos e internacionais. São Paulo: Thompson Reuters Brasil, 2018.

GOOGLE INC. Google Corporate Information. *Sobre*. Disponível em: https://about.google/. Acesso em: 23 abr. 2023.

GUEDES, Gisela Sampaio da Cruz. Responsabilidade civil da Lei de Proteção de Dados Pessoais. CONGRESSO INTERNACIONAL DE RESPONSABILIDADE CIVIL DO IBERC, 3., 2019, São Paulo. Palestras [...]. [*S. l.*]: Iberc, 2019.

HELD, David; MCGREW, Anthony. *The global transformations reader*: introduction to the globalization debate. 2. ed. Cambridge, U.K.: Polity Press, 2003. Disponível em: https://enciclopediajuridica.pucsp.br/verbete/67/edicao-1/conceito-de-direitos-egarantiasfundamentais#:~:text=Muito%20antes%20pelo%20contr%C3%A1rio%2C%20direitos,nos%20textos%20internacionais%20e%20constitucionais/https://www.sec.gov/Archives/edgar/data/1652044/000165204423000016/goog-20221231.htm#ia96e4fb0476549c99dc3a2b2368f643f_16. Acesso em: 14 nov. 2023.

INSTITUTO BRASILEIRO DE GEOGRAFIA E ESTATÍSTICA (IBGE). Conheça o Brasil – População. *Educação*. https://educa.ibge.gov.br/jovens/%20conheca-o-brasil/populacao/18317-educacao.html#:~:text=Tamb%C3%A9m%20em%202019%20%2C%2046%2C4%25%2C%20o%20superior%20completo. Acesso em: 14 nov. 2023.

JINKINGS, Daniella. Governo vai debater criação de marco legal para proteção de dados pessoais no Brasil. *Rede Brasil Atual.*, 01 dez. 2010. Disponível em: https://www.redebrasilatual.com.br/cidadania/governo-vai-debater-criacao-de-marco-legal-para-protecao-de-dados-pessoais-no-brasil/. Acesso em: 14 nov. 2023.

JORNAL OFICIAL DAS COMUNIDADES EUROPEIAS. Parlamento Europeu, Conselho e Comissão. *Carta de Direitos Fundamentais da União Europeia*. 18 dez. 2000. Disponível em: https://www.europarl.europa.eu/charter/pdf/text_pt.pdf. Acesso em: 14 nov. 2023.

KAPLAN, Andreas; HAENLEIN, Michael. The fairyland of Second Life: Virtual social worlds and how to use them". *Business Horizons*, v. 52, n. 6, p. 563-572, Nov./Dec. 2009. Disponível em: https://www.sciencedirect.com/science/article/abs/pii/S0007681309000895. Acesso em: 14 nov. 2023.

LANDERDAHL, Cristiane; MAIOLINO, Isabela; BARBOSA, Jeferson Dias; CARVALHO, Lucas Borges de. *Tratamento de dados pessoais pelo Poder Público*: versão 2.0: guia orientativo. Brasília, DF: ANPD, 2023. Disponível em: https://www.gov.br/anpd/pt-br/documentos-e-publicacoes/documentos-de-publicacoes/guia-poder-publico-anpd-versao-final.pdf. Acesso em: 15 nov. 2023.

LARGEST COMPANIES BY MARKET CAP. Disponível em: https://companiesmarketcap.com/. Acesso em: 08 set. 2023.

LARGEST TECH COMPANIES BY MARKET CAP. Disponível em: https://companiesmarketcap.com/tech/largest-tech-companies-by-market-cap/. Acesso em: 23 abr. 2023.

LILIENTHAL, David Eli. *The multinational corporation*: a review of some problems and opportunities for business management in a period of world-wide economic change. Estados Unidos: Development and Resources Corporation, 1960.

MAIMONE, Flávio Henrique Caetano de Paula. *Responsabilidade Civil na LGPD*: efetividade na proteção de dados pessoais. São Paulo: Editora Foco, 2022.

MARINHO, Maitê Proença. Indenização Punitiva: potencialidades no ordenamento brasileiro. In: SOUZA, Eduardo Nunes de; SILVA, Rodrigo da Guia. *Controvérsias atuais em responsabilidade civil*: estudos de direito civil-constitucional. São Paulo: Almedina, 2018.

MARQUES, Claudia Lima. *Confiança no comércio eletrônico e a proteção do consumidor*: um estudo dos negócios jurídicos de consumo no comércio eletrônico. São Paulo: Ed. RT, 2004.

MATOS, Filipe Albuquerque. A compensação por danos não patrimoniais no Código Civil de 1966. In: BARBOSA, Mafalda Miranda; MUNIZ, Francisco. *Responsabilidade civil: 50 anos em Portugal e 15 anos no Brasil*. Salvador: JusPodivm, 2017.

MAZZAMUTO, Salvatore; PLAYA, Armando. *I remedi nel diritto privato europeo*. Torino: Giappichelli, 2012.

MENDES, Laura Schertel. *A Lei Geral de Proteção de Dados Pessoais*: um modelo de aplicação em três níveis. São Paulo: Ed. RT, 2019. (Caderno Especial LGPD)

MENDES, Laura Schertel. *Privacidade, proteção de dados e defesa do consumidor*: linhas gerais de um novo direito. São Paulo: Saraiva, 2014.

MESSINETTI, Davide. Il Pluralismo delle forme del linguaggio giuridico. *Rivista Critica del Diritto Privato*, n.1, 2002.

MILL, John Sutart. *On liberty*. Kitchener: Batoche Books, 2001.

MINISTRY OF FOREIGN AFFAIRS AND TRADE/MANATŪ AORERE. *United Nations Handbook 2023-24*. 60th ed. Wellington, New Zealand, 2023. Disponível em: https://www.mfat.govt.nz/assets/Peace-Rights-and-Security/Our-work-with-the-UN/UN-Handbook-2023-24.pdf. Acesso em: 14 nov. 2023.

MOSHELL, Ryan. And there was one: the outlook for a self-regulatory United States amidst a global trend toward comprehensive data protection. *Texas Tech Law Review*, v. 37, p. 366-367, 2005.

NAÇÕES UNIDAS BRASIL. *Objetivos do Desenvolvimento sustentável*. Disponível em: https://brasil.un.org/pt-br/sdgs. Acesso em: 14 nov. 2023

NAÇÕES UNIDAS. *Transformando Nosso Mundo*: a Agenda 2030 para o Desenvolvimento Sustentável. Resolução A/RES/70/1, 2015. Disponível em: https://brasil.un.org/sites/default/files/2020-09/agenda2030-pt-br.pdf. Acesso em: 15 nov. 2023.

NALINI, José Renato. *Ética geral e profissional*. 13. ed., rev. atual. e ampl. São Paulo: Ed. RT, 2016.

NISSENBAUM, Helen. *Privacy in context*: technology, policy, and the integrity of social life. Stanford: Stanford Law books, 2010.

NUNES, Paulo. Conceito de custo marginal. *Knoow.net* – Enciclopédia temática. Disponível em: https://knoow.net/cienceconempr/economia/custo-marginal/. Acesso em: 14 nov. 2023.

O'QUINN, John C. None of your business. *Harvard Journal of Law & Technology*, v. 12, n. 3, p. 683-687, 1999.

OECD. Plano de ação para o combate à erosão da base tributária e à transferência de lucros. *OECD Publishing*, Paris, 5 Feb. 2014. DOI https://doi.org/10.1787/9789264207790-pt. Disponível em: https://read.oecd-ilibrary.org/taxation/plano-de-acao-para-o-combate-a-erosao-da-base-tributaria-e-a-transferencia-de-lucros_9789264207790-pt#page5. Acesso em: 14 nov. 2023.

OJO, Olawole; AKINYOOLA, Moses; OLOMU, Babatunde. Multinational and transnational activities in the global economy: implications for socio-economic development in Nigeria. *Nigeria International Journal of Economics, Business anda Management Research*, v. 3, n. 7, 2019. Disponível em: https://ijebmr.com/uploads/pdf/archivepdf/2020/IJEBMR_412.pdf. Acesso em: 14 nov. 2014.

OPICE BLUM. LGPD_Lookout. *Relatório anual de jurimetria 2022*. Disponível em: https://opiceblum.com.br/wp-content/uploads/2019/07/09-relatorio-jurimetria-2022.pdf. Acesso em: 15 nov. 2023.

OECD. OECD/G20 Base Erosion and Profit Shifting Project. DOI https://doi.org/10.1787/23132612. Disponível em: https://www.oecd-ilibrary.org/taxation/addressing-the-tax-challenges-of-the-digital-economy-action-1-2015-final-report_9789264241046-en. Acesso em: 15 nov. 2023.

ORGANIZAÇÃO DAS NAÇÕES UNIDAS. *Declaração Universal de Direitos Humanos*. 1948. Disponível em: https://www.unicef.org/brazil/declaracao-universal-dos-direitos-humanos. Acesso em: 14 nov. 2023.

PAVAN, Vitor Ottoboni. *Responsabilidade civil e ganhos ilícitos:* a quebra do paradigma reparatório. Rio de Janeiro: Lumen Juris, 2020.

PIZZOL, Ricardo dal. *Responsabilidade Civil:* funções punitiva e preventiva. São Paulo: Editora Foco, 2020.

PRICEWATERHOUSECOOPERS BRASIL (PwC). *BEPS*: novos desafios para a tributação internacional. Mayo 2017. Disponível em: https://www.pwc.com.br/pt/eventos-pwc/assets/arquivo/bulletin-beps.pdf. Acesso em: 14 nov. 2023.

PRINCÍPIOS PARA A GOVERNANÇA E USO DA INTERNET. Disponível em: https://principios.cgi.br/#1-new. Acesso em: 14 nov. 2023.

REALE, Giovanni; ANTISERI, Dario. *História da Filosofia*. São Paulo: Paulus, 2012. v. 1.

REICHERT, Emannuel. A corporação que mudou o mundo: como a Companhia das Índias Orientais moldou a multinacional moderna. *Revista História: Debates e Tendências*, v. 13, n. 2, p. 405-408, 2013. DOI https://doi.org/10.5335/hdtv.13n.2.3351. Disponível em: https://seer.upf.br/index.php/rhdt/article/view/3351. Acesso em: 14 nov. 2023.

REVENUE FOR META PLATFORMS (FACEBOOK) (META). Disponível em: https://companiesmarketcap.com/meta-platforms/revenue/. Acesso em: 14 nov. 2023.

REVISTA EXAME. *Temos mais dados do que nunca. Como usá-los a nosso favor?* 9 jun. 2021. Disponível em: https://exame.com/carreira/dados-uso-favor/. Acesso em: 26 ago. 2023.

ROCHA, Sérgio André e CASTRO, Diana Rodrigues Prado de. Ação 1 do Projeto BEPS e as diretrizes gerais da OCDE. In: OLIVEIRA, Gustavo da Gama Vital de. *Tributação da economia digital*. Rio de Janeiro: Lumen Juris, 2019.

RODOTÁ, Stefano. *A vida na sociedade de vigilância*: a privacidade hoje. Rio de Janeiro: Renovar, 2008.

RODOTÀ, Stefano. *Repertorio di fini secolo*. Bari: Laterza, 1999.

RODOTÀ, Stefano. *Tecnologia e diritti*. Bologna: Il Mulino, 1995.

ROSENVALD, Nelson. *As funções da responsabilidade civil: a reparação e a pena civil*. 4. ed. São Paulo: SaraivaJur, 2022.

ROSENVALD, Nelson. *Responsabilidade contractual*. Enciclopédia jurídica da PUC-SP. In: CAMPILONGO, Celso Fernandes; GONZAGA Alvaro de Azevedo; FREIRE. André Luiz (Coord.). Tomo: Direito Civil. 2. ed. São Paulo: Pontifícia Universidade Católica de São Paulo, 2021. Disponível em: https://enciclopediajuridica.pucsp.br/verbete/469/edicao-2/responsabilidade-contratual. Acesso em: 15 nov. 2023.

SANDRONI, Paulo. *Novíssimo Dicionário de Economia*. São Paulo: Best Seller, 1999.

SANTIAGO, Pedro. Desembargador do PI derruba decisão que mandava tirar WhatsApp do ar. *G1*, Piauí, 26 fev. 2015. Disponível em: https://g1.globo.com/pi/piaui/noticia/2015/02/desembargador-do-pi-derruba-decisao-que-mandava-tirar-whatsapp-do-ar.html. Acesso em: 14 nov. 2023.

SARLET, Ingo Wolfgang. Conceito de direitos e garantias fundamentais. *In:* NUNES JÚNIOR, Vida Serrano et al. (Coord.), *Enciclopédia Jurídica da PUCSP*, tomo II. São Paulo: Pontifícia Universidade Católica de São Paulo, 2017, fls. 14. Disponível em: https://enciclopediajuridica.pucsp.br/verbete/67/edicao-2/conceito-de-direitos-e-garantias-fundamentais. Acesso em: 14 nov. 2023.

SCHWARTZ, Paul; M SOLOVE, Daniel J. The PII problem: privacy and a new concept of personally identifiable information. *New York University Law Review*, v. 86, p. 1814, 2011. Disponível em: https://papers.ssrn.com/sol3/papers.cfm?abstract_id=1909366. Acesso em: 14 nov. 2023.

SMITH, Robert E. *Privacy:* how to protect what's left of it. New York: Anchor Press, 1979.

SOLOVE, Daniel. *The digital person*: technology and privacy in the information age. New York: New York University, 2004.

TAPSCOTT, Don. *Economia digital*: promessa e perigo na era da inteligência em rede. São Paulo: Makron Books, 1997.

TASSO, Fernando Antonio. A responsabilidade civil na Lei Geral de Proteção de Dados e sua interface com o Código Civil e o Código de Defesa do Consumidor. *Cadernos Jurídicos* – Escola Paulista da Magistratura, São Paulo, ano 21, n. 3, p. 97-115, jan./mar. 2020. Disponível em: https://www.tjsp.jus.br/download/EPM/Publicacoes/CadernosJuridicos/ii_1_interface_entre_a_lgpd.pdf?d=637250344175953621. Acesso em: 15 nov. 2023.

TASSO, Fernando Antonio. Do tratamento de dados pessoais pelo Poder Público. In: MALDONADO, Viviane Nóbrega; BLUM, Renato Opice. *LGPD*: Lei Geral de Proteção de Dados comentada. 3. ed. São Paulo: Ed. RT, 2021.

TASSO, Fernando Antonio. Temas relevantes na implementação da LGPD em instituições públicas de grande porte – Estudo de caso do Tribunal de Justiça de São Paulo. In: FRANKOWSKI, Denise; TASSO, Fernando Antonio (Coord.). *A Lei Geral de Proteção de Dados Pessoais LGPD*: aspectos práticos e teóricos relevantes no setor público e privado. São Paulo: Thomson Reuters, 2021.

TUMA, Eduardo; TASSO, Fernando Antonio. Políticas públicas municipais de fomento à proteção de dados pessoais pelo setor privado. In: XAVIER, Fábio Correa; PAGLIA, Lucas (Coord.). *LGPD*: Boas Práticas para os municípios brasileiros. Salvador, BA: Editora Mente Aberta, 2022.

UNITED NATIONS. Data Portal Population Division. *UN Population Division Data Portal*: interactive access to global demographic indicators. Disponível em: https://population.un.org/dataportal/data/indicators%20/49/locations/643/start/2021/end/2023/table/pivotbylocation. Acesso em: 14 nov. 2023.

UNITED STATES SECURITIES AND EXCHANGE COMMISSION. FORM 10-Q. ANNUAL REPORT PURSUANT TO SECTION 13 OR 15(d) OF THE SECURITIES EXCHANGE ACT OF 1934. *Notes to Condensed Consolidated Financial Statements (Unaudited)*. For the quarterly period ended December 31, 2022. p. 6. Disponível em: https://www.sec.gov/Archives/edgar/data/320193/000032019323000006/aapl-20221231.htm. Acesso em: 14 nov. 2023.

UNITED STATES SECURITIES AND EXCHANGE COMMISSION. FORM 10-Q. ANNUAL REPORT PURSUANT TO SECTION 13 OR 15(d) OF THE SECURITIES EXCHANGE ACT OF 1934. *Sales and Operations*. For the fiscal year ended December 31, p. 7, 2022. Disponível em: https://www.sec.gov/Archives/edgar/data/1326801/000132680123000013/meta-20221231.htm#i6df229dad1864210ab76200083e26819_19. Acesso em: 14 nov. 2023.

UNITED STATES SECURITIES AND EXCHANGE COMMISSION. FORM 10-Q. ANNUAL REPORT PURSUANT TO SECTION 13 OR 15(d) OF THE SECURITIES EXCHANGE ACT OF 1934. *General Instructions*. Disponível em: https://forms.justia.com/official-federal-forms/securities-and-exchange-commission/form-10-k-annual-report-pursuant-to-sec-13-or-86914.html. Acesso em: 14 nov. 2023.

UNITED STATES SECURITIES AND EXCHANGE COMMISSION. FORM 10-Q. ANNUAL REPORT PURSUANT TO SECTION 13 OR 15(d) OF THE SECURITIES EXCHANGE ACT OF 1934. *How we make money*. For the fiscal year ended December 31, p. 6, 2022 Disponível em: https://www.sec.gov/Archives/edgar/data/1652044/000165204423000016/goog-20221231.htm#ia96e4fb0476549c99dc3a2b2368f643f_16. Acesso em: 14 nov. 2023.

UNITED STATES SECURITIES AND EXCHANGE COMMISSION. FORM 10-Q. ANNUAL REPORT PURSUANT TO SECTION 13 OR 15(d) OF THE SECURITIES EXCHANGE ACT OF 1934. *What we offer*. For the fiscal year ended December 31, 2022, p. 3. Disponível em: https://www.sec.gov/ Archives/edgar/data/789019 /000156459022026876/msft-10k_20220630.htm#ITEM_1_BUSINESS. Acesso em: 14 nov. 2023.

UNITED STATES SECURITIES AND EXCHANGE COMMISSION. FORM 10-Q. ANNUAL REPORT PURSUANT TO SECTION 13 OR 15(d) OF THE SECURITIES EXCHANGE ACT OF 1934. *Business. Overview*. For the fiscal year ended December 31, p. 4, 2022.

UNITED STATES SECURITIES AND EXCHANGE COMMISSION. FORM 10-Q. ANNUAL REPORT PURSUANT TO SECTION 13 OR 15(d) OF THE SECURITIES EXCHANGE ACT OF 1934. *Our International Operations Expose Us to a Number of Risks*. For the fiscal year ended December 31, p. 7, 2022. Disponível em: https://www.sec.gov/Archives/edgar/data/1018724/000101872423000004/amzn-20221231.htm#icc32c5c732854b7f9975929c57cd5bd4_13. Acesso em: 14 nov. 2023.

UNITED STATES SECURITIES AND EXCHANGE COMMISSION. FORM 10-Q. ANNUAL REPORT PURSUANT TO SECTION 13 OR 15(d) OF THE SECURITIES EXCHANGE ACT OF 1934. *Family of Apps Products*. For the fiscal year ended December 31, p. 7, 2022. Disponível em: https://www.sec.gov/Archives/edgar/data/1326801/000132680123000013/meta-20221231.htm. Acesso em: 15 nov. 2023.

VIDIGAL, Erick. A *Lex mercatoria* como fonte do direito do comércio internacional e a sua aplicação no Brasil. *Revista de Informação Legislativa*, v. 47, n. 186, p. 171-193, abr./jun. 2010. Disponível em: https://www2.senado.leg.br/bdsf/item/id/198681. Acesso em: 14 nov. 2023.

WARREN, Samuel D.; BRANDEIS, Louis D. The right to privacy. *Harvard Law Review*, Cambridge, v. 4, n. 5, p. 193-220, 15 Dec. 1890. Disponível em: https://www.jstor.org/stable/1321160. Acesso em: 14 nov. 2023.

WESTIN, Alan. *Privacy and freedom*. New York: Antheneum, 1967.

WIKIPÉDIA, A ENCICLOPÉDIA LIVRE. *Lista de países por PIB nominal*. Disponível em: https://pt.wikipedia.org/wiki/Lista_de_pa%C3%ADses_por_PIB_nominal#cite_note-GDP_IMF-2. Acesso em: 14 nov. 2023.

ZUBOFF, Shoshana. *A era do capitalismo de vigilância* – a luta por um futuro humano na nova fronteira do poder. Trad. George Schlesinger. Rio de Janeiro: Intrínseca: 2020.

ANOTAÇÕES